동물법,
변호사가
알려드립니다

동물권연구변호사단체 PNR 지음

# 동물법,
# 변호사가
# 알려드립니다

RiRi

동물권을 연구하는 변호사 모임 PNR 변호사들이 네이버 동그람이 포스트에 '동물과 함께하는 法' 칼럼을 연재하기 시작한 지 어느덧 2년이 지났습니다. 매월 꾸준히 동물권이나 동물법 또는 동물에 관련된 최신 이슈에 대한 칼럼을 작성하는 일은 쉽지만은 않았습니다. 그럼에도 이 칼럼을 읽는 사람 중 단 한 명이라도 동물권과 동물보호에 대한 인식이 변화하기를, 그리고 PNR의 외침이 변화의 작은 씨앗이 되기를 간절히 희망하며 글을 써내려갔습니다.

변호사 다섯 명이 모여 시작한 '비인간 동물의 권리를 연구하는 모임(People for Non-human Rights)'이 열다섯 명의 변호사와 전문가 모임이 되고, 매월 작성한 칼럼이 모여 책 한 권이 되는 동안, 우리 사회 곳곳에서 동물권과 동물 보호에 대한 인식의 변화가 일어났습니다.

동물학대 등 동물보호법 위반 범죄에 대해서 그간 불구속 수사 원칙과 벌금형 선고가 대다수였으나, 2019년 11월 21일에 선고된 경의선 숲길 길고양이 학대 사건 1심에서는 피고인에게 동물보호법 위반으로 징역 6개월의 실형이 선고되었고, 2019년 12월 28일에 망원동에서 일어난 반려견 살해 및 유기 사건을 수사하는 검찰은 피의자를 구속 기소했습니다.

또한, 전류가 흐르는 쇠꼬챙이를 사용해 개를 도살한 개 농장 주인에 대한 동물보호법 위반 사건, 일명 개 전기도살 사건에 대해 1심과 2심에서 무죄가 선고되었는데 2018년 9월 13일 대법원에서는 원심을 파기환송했습니다. 해당 도살 방법의 허용이 동물의 생명 존중 등 국민 정서에 미치는 영향, 동물별 특성 및 해당 동물이 겪는 고통의 정도와 지속 시간, 그 동물에 대한 시대·사회의 인식 등을 종합적으로 고려하여 잔인한 방법인지 아닌지를 다시 판단하라는 이 역사적인 판결 이후 2019년 12월 19일 길고 긴 파기환송심 끝에 서울고등법원은 피고인에 대해 동물보호법 유죄 판결을 내렸습니다.

법과 판결은 그 사회가 중요시하는 가치와 사회 구성원들의 보편적 인식을 반영합니다. PNR은 이러한 최근의 사례들이 우리 사회가 동물의 생명을 존중하고, 동물에게 불필요한 고통을 가하지 않아야 한다는 원칙에 합의해 나가는 중요한 과정이라고 생각합니다.

저희 책이 소중한 시간과 마음으로 읽어주시는 모든 분들에게 조금이나마 도움이 되기를, 그리고 동물의 권리와 우리 인간의 역할에 대한 진지한 고민이 시작되는 계기가 되기를 바랍니다.

동물권연구변호사단체 PNR

# 동물단체의 안락사…
# 법에 질문을 던지다

김슬기 변호사

　　슬픈 뉴스가 자주 들려오는 동물보호운동 쪽에서 또
한번 마음 아픈 소식이 들려왔다. 세간에 잘 알려진 동물보호
단체에서 구조동물을 안락사한 일로 한동안 언론이 떠들썩해
졌다. 이번 일이 단순히 끔찍한 사건으로만 기억되지 않으려면
어떻게 해야 할까. 어떻게 해야 앞으로 국내 반려동물 문화가
한 단계 성숙하는 계기가 될 수 있을까.

　　우선 관련된 법적 쟁점을 짚어보고 현재의 동물 법들이 이
사건에서 어떤 과제를 받았는지 이야기해보려고 한다. 먼저 동
물보호법은 '지방자치단체가 보호조치 중인 동물'의 인도적인
처리에 대한 규정만을 두고 있다. 이에 따르면, 지방자치단체

6

의 장에게 동물보호센터로 지정된 곳에 한해 인도적인 처리를 할 수 있으며, 그 사유 또한 1) 동물이 질병 또는 상해에서 회복될 수 없거나 지속적인 고통을 받으며 살아야 할 것으로 진단된 경우, 2) 동물이 사람이나 다른 동물에 질병을 옮기거나 위해를 끼칠 우려가 높다고 진단된 경우, 3) 기증 또는 분양이 곤란한 등 부득이한 사정이 있다고 지방자치단체의 장이 인정하는 경우에 한한다. 또한 그런 경우에도 인도적인 처리는 수의사에 의해 시행되어야 하고 그 사체는 동물장묘시설에서 처리되어야 한다.

우리가 흔히 알고 있는 동물보호센터의 공고기간 종료 후 안락사는 이와 같이 법령에서 '기증 또는 분양이 곤란한 경우' 인도적인 처리를 허용하는 것에 근거를 두고 있다.

그런데 이런 규정은 법에 따라 동물보호센터로 지정되지 않은 사설 보호소 또는 개인에게는 적용되지 않는다. 그러므로 이들이 동물을 사망에 이르게 한 행위가 위법한지 아닌지를 판단하려면 동물의 죽음을 규정한 원칙으로 돌아가야 한다. 동물 소유자가 자신이 소유하고 있는 동물을 죽음에 이르게 하는 것은 동물보호법 제8조에서 정하고 있는 동물학대 행위에 해당하지 않는 이상 법으로 금지되지 않는다.

**동물보호법**

제8조(동물학대 등의 금지) ① 누구든지 동물에 대하여 다음 각 호의 행위를 하여서는 아니 된다.

1. 목을 매다는 등의 잔인한 방법으로 죽음에 이르게 하는 행위

2. 노상 등 공개된 장소에서 죽이거나 같은 종류의 다른 동물이 보는 앞에서 죽음에 이르게 하는 행위

3. 고의로 사료 또는 물을 주지 아니하는 행위로 인하여 동물을 죽음에 이르게 하는 행위

4. 그 밖에 수의학적 처치의 필요, 동물로 인한 사람의 생명·신체·재산의 피해 등 농림축산식품부령으로 정하는 정당한 사유 없이 죽음에 이르게 하는 행위

그렇다면 금지되는 동물학대 행위 가운데 약물에 의한 안락사에 적용될 가능성이 있는 규정을 살펴보자. 제8조 제4항에서는 '그 밖에 수의학적 처치의 필요, 동물로 인한 사람의 생명·신체·재산의 피해 등 농림축산식품부령으로 정하는 정당한 사유 없이 죽음에 이르게 하는 행위'를 금지하고 있다. 이 조항의 위임을 받은 시행규칙은 '정당한 사유 없이 죽음에 이르게 하는 행위'를 다시 '사람의 생명·신체에 대한 직접적 위협이나 재산상의 피해를 방지하기 위해 다른 방법이 있음에도 불구하고 죽음에 이르게 하는 행위'라고 규정한다.

이 규정은 해석에 논란이 일어날 소지가 있다. 법률과 시행규칙을 종합해서 넓게 해석하면, 수의학적 처치로 필요하거나 사람에 대한 위협이나 피해를 방지하기 위한 경우가 아니라면 이 같은 안락사 행위가 동물학대에 해당한다는 결론에 이르게 된다. 그러나 문언을 엄격히 해석하면, 사람에 대한 위협이나 피해를 방지하기 위해 '다른 방법이 있음에도 불구하고 동물을 죽이는 행위'만 동물학대로 처벌할 수 있다는 결론에 이르게 된다. 개인적으로는 전자의 결론이 타당하다고 생각하지만, 형사처벌에 관한 규정은 명확해야 하고 엄격하게 해석되어야 한다는 점을 고려하지 않을 수는 없다.

한편 불특정 다수에게서 1000만 원 이상 기부금품을 모집하려는 자는 기부금품의 모집 및 사용에 관한 법률에 따라 모집 등록을 해야 한다. 모집된 기부금품은 등록한 목적이 아닌 목적으로 사용할 수 없다. 속임수나 부정한 방법으로 기부금품을 모집하거나, 모집 목적 외 용도로 사용하면 법률 위반으로 모집 등록이 말소되고 모집된 금품 반환 명령을 받을 수 있을 뿐만 아니라 경우에 따라 형사처벌을 받을 수도 있다.

후원자들에게 기부금 사용 목적이나 사용처 등을 거짓으로 고지해 고의로 후원자들을 기망했다면, 그리고 이로 인해 개인 또는 단체가 경제적 이익을 얻은 것이 인정된다면 형법상 사기죄가 성립될 여지가 있다. 자금을 다른 데로 돌려 쓰거나 단체의 이익에 반하는 일을 했다면 횡령죄나 배임죄도 성립할 수 있다. 이는 수사기관이 구체적인 사실관계를 조사해서 판단할 문제일 것이다.

이 사건을 계기로 삼아 유기동물 문제를 해결하기 위해 우리 사회가 나아가야 할 방향을 생각해보면 어떨까.

첫째, 유기동물 숫자를 줄이는 것이 무엇보다 우선이다. 지방자치단체, 동물보호센터, 사설 보호소 등 수백 개의 단체가 세금을 소비하고 자발적 후원을 받은 시민들이 1년 내내 구조 활동을 해도 그 숫자를 감당해낼 수 없는 것이 현재 유기동물 문제의 현실이다. 누군가는 학대에 가까운 환경 속에서 강아지를 생산하고 판매하며 돈을 벌고, 누군가는 자신의 생활을 포기하고 버려진 동물에 새 삶을 주려 애쓰고 있다.

허가제나 영업 시설, 영업 방법을 강화하는 등 협소한 규제를 넘어, 동물생산업과 동물판매업의 개념 자체를 변경하는 대대적인 개혁이 필요하다. 유기동물을 제외한 사적인 분양을 금지한다든지, 판매를 목적으로 동물을 번식시킬 수 없도록 한다든지 크게 전환하는 방법이 있을 것이다. 개인이 아무런 규제 없이 동물을 사고파는 것도 막아야 한다. 동물을 키우는 사람에 대해 실제로 규제와 관리가 이루어질 수 있어야 한다. 이것이 근본적인 해결책이라는 사실을 모두가 알고 있으면서도 동물 관련 사업에 얽힌 수많은 이해관계에 묶여 한 발 더 나아가지 못하고 있는 현실이 너무나 안타깝다.

둘째, 동물학대와 죽음에 대한 법의 규정을 좀 더 명확히 해야 한다. 앞서 살펴본 것과 같이 현행 법에 따른 동물학대 처벌은 해석상 논란의 소지가 있어 법원이 어떻게 판단할지 예측하기 어렵다. 근본적인 해결책은 표창원 의원이 발의한 동물보호법 개정안의 취지와 같이, 정당한 사유 없이 동물을 임의로 죽이는 행위를 원칙적으로 금지하는 것이다. 필요하다면 예외적으로 동물의 사살이 가능한 경우를 현행보다 상세히 규정하면 될 것이다.

셋째, 당장 유기동물의 수를 줄일 수 없는 현실을 고려해 유기동물의 관리 대책이 시급하게 마련되어야 한다. 동물보호단체가 후원자나 대중에게 거짓을 말하고 임의로 동물을 죽이는 행동은, 안락사의 정당성 여부를 떠나 거짓을 말한 그 이유만으로도 비난받아 충분하다. 하지만 지금처럼 구조와 보호에 소요되는 인력과 비용이 턱없이 부족한 현실에서 (적법하게) 건강한 동물에 안락사를 시행하는 동물보호센터나, 열악한 환경에서 유기동물을 보호하는 사설 보호소를 비난만 할 수는 없다. 이 사건을 계기로 그들에 대한 규제를 강화할 것이 아니라, 그들이 투명하게 단체를 운영하고 동물들에 고통을 주지 않을 수 있도록 현실적인 지원과 함께 대안이 제공되어야 할 것이다.

부디 이번 사건이 동물권 단체에 대해 대중이 떠올리는 이미지만 흐리는 것으로 끝나지 않았으면 한다. 진실을 정확히 밝히고, 법적으로든 도의적으로든 책임을 져야 하는 이들에게는 합당한 책임을 물어야 한다. 그리고 유기동물의 구조와 보호, 인도적 처리는 물론 한 발 더 나아가 동물에 대해서까지 우리의 법과 정책 그리고 시민의식이 진일보하는 계기가 되기를 바란다.

## 2부 반려인이 알아야 할 법률

## 3부 동물들의 슬픈 이야기

## 4부 야생동물과 함께 사는 법

# 1부

# 가족처럼 함께하는 반려동물

# 반려동물,
# '분양 아니라 입양'
# 해야 하는 이유

"사지 말고 입양하세요!"

이효리, 송혜교 씨 등이 광고해서 유명해진 문구다. 왜 반려동물을 입양해야 할까? 우선 무엇을 입양으로 부르는지 살펴보자. 우리가 반려동물을 기를 수 있는 방법은 크게 세 가지다. 시중의 애견센터 등을 통해 반려동물을 '구입'하거나, 유기동물 보호소 또는 온·오프라인에서 알게 된 지인 등에게 반려동물을 '분양'받거나 '입양'하는 방법이 있다. 구입과 분양, 그리고 입양. 이 세 가지를 명확하게 구별할 수 있을까? 돈을 주고 사는 것이 구입이라면, 지인에게 돈을 주고 반려동물을 받는 것은 구입일까? 아니면 분양 혹은 입양일까?

법률적으로 이 세 가지는 구분할 수 있다. 먼저 '구입'부터 알아보도록 하자. 반려동물의 구입은 법률용어로는 '매매'라고 할 수 있는데, 현행 동물보호법령은 동물판매업자를 통한 반려동물의 매매를 명시적으로 규정하고 있다. 구체적으로 반려동물을 판매하기 위한 인력과 시설 기준을 정하고, 반려동물을 파는 영업자 준수사항과 반려동물 매매계약서의 예시도 제안하고 있다. 우리는 반려동물 판매업자가 제공한 정보를 통해 반려동물의 출생일자, 예방접종 내역, 건강 상태 등을 파악하게 된다.

'분양'은 '증여'에 가깝다고 볼 수 있다. 유기되거나 학대당하는 반려동물을 분양받는 곳은 주로 동물보호센터인데, 동물보호센터는 동물보호법에 따라 유기되거나 학대당한 동물을 임시 보호하고, 동물을 애호하는 자에게 분양하는 역할을 지자체에게서 위임받고 있다. 분양이란 결국 동물보호법에 따라 국가나 지자체가 소유한 유기·학대 반려동물을 동물을 애호하는 자의 자격으로 증여받는 것으로 보아야 한다.

단, 분양의 경우에도 일정한 비용이 발생할 수도 있는데, 지자체에서 분양받을 때는 무료로 받지만, 동물보호단체를 통하는 경우는 일종의 책임비(의료분담비) 등을 지불하기도 한다. 단, 이때 발생하는 금전 거래는 반려동물에 대한 금액을 지불하는 것이 아니기에 매매와 다르다고 할 수 있다.

하지만 매매와 증여에는 공통점이 하나 있는데, 바로 반려동물을 동산(動産, 부동산 이외의 물건)으로 보고 있다는 것이다. 반려동물은 법률관계에 있어서는 동산으로서 계약의 대상이 되고, 사인 당사자 간에 계약의 내용을 정해서 그 소유권을 이전할 수 있다.

'사지 말고 입양하세요'라는 문구로 다시 돌아가보자. 여기서 등장하는 개념은 바로 '입양'이다. 매매나 증여 그리고 입양은 어떻게 다를까?

'입양'의 법률적 의미는 법률 등의 절차를 통해 친자관계를 형성하는 것이므로, 반려동물 입양이란 법률 등의 절차를 밟아 반려동물과 함께할 수 있는 관계를 형성한다는 것이 된다. 입양의 개념에서 바라본 반려동물은 소유권을 이전할 수 있는 물건이 아닌 살아 있는 생물이자 가족의 구성원이다.

또한, 법적으로 입양은 입양이 될 자와 입양을 할 자의 요건을 요구한다. 입양을 기다리고 있는 동물은 '유기되거나 학대받아 보호되고 있는'이라는 요건을 충족해야 하고, 반려동물을 입양할 자에 대해서도 각 지자체의 조례로 그 요건을 마련할 수 있다. 대표적으로 반려동물이 생활할 수 있는 공간 등 물적 요건과 함께 입양한 반려동물을 제대로 돌볼 수 있도록 교육을 받도록 하는 것 등이 있다.

이 가운데 가장 중요한 요건은 동물 등록이다. 동물 등록은 입양을 할 때 해당 동물을 지자체에 신고·등록함으로써 지자체가 반려동물을 보호할 수 있도록 해주는데, 동물 등록은 현재 소유자의 의지에 전적으로 맡기고 있지만, 입양 시 동물 등록을 권하고 촉진하면서 반려동물의 공적인 인지를 명확하게 할 수 있는 요구 조건이다.

이러한 반려동물의 입양 개념이 취지에 걸맞게 완전히 제도로 구현된 곳이 독일이다. 독일의 경우, 반려동물의 매매가 법적으로 금지되어 있고 유기동물 보호소를 통한 입양만이 가능하도록 되어 있다. 반려동물의 입양은 절차가 매우 까다로워 함께 사는 가족 전체의 동의를 거쳐야 하고, 입양 전에 일정 기간 보호소를 수차례 방문해 동물과 충분히 교감하도록 하며, 여기에다 입양자격 테스트를 거치기도 하는 등 반려동물을 입양할 자에 대한 요건을 까다롭게 설정하고 있다.

지금 우리나라에서 독일의 제도를 전적으로 받아들이는 것은 현실적으로 많은 어려움이 있을 수 있다. 하지만 이상적인 모습으로 나아가기 위한 노력은 계속해 나가야겠다. 반려동물을 물건이 아닌 가족으로 입양한다고 할 때에는 적어도 반려동물이 공동체의 보호를 받을 수 있도록 공적 확인 절차로서 동물 등록을 하도록 해야 한다. 또 반려인들 스스로도 입양을 위해 충분히 노력한 후에 신중히 입양을 결정하도록 하는 문화가 정착되어야 할 것이다.

# 반려견 살 빠지면
# 공격성도 사라지나요

최근 개 물림 사고 기사가 자주 들려오고 있다. 학대받
고 유기되는 동물들, 불필요한 실험과 공장식 축산, 인간의 유
희를 위한 오락이나 전시 등으로 고통받는 동물들의 복지 문제
등 동물을 둘러싼 현안이 다양하지만 대중의 관심은 주로 개
물림 사고에 맞춰져 있고, 그래서인지 언론 기사들도, 국회나
지자체에서 내놓는 후속 정책들도 반려동물에 대한 관리와 규
제, 반려인 처벌에만 초점이 맞추어져 있다.

명확히하자면, 이런 정책도 필요하다. 반려동물을 기르는 인
구는 너무도 빨리 늘어나는 중인데, 반려동물과 사람들이, 또
반려인과 비반려인이 '함께 공존'할 수 있는 문화가 성숙해지는

22

일은 그 속도를 따라가지 못한 것이 사실이다. 동물권을 주장하는 사람들이 무엇보다 반려인들을 교육하고 동물의 습성을 이해하도록 하며, 다른 사람들에게 피해를 끼치지 않도록 제대로 의무를 지우자고 한목소리로 외치는 이유가 그것이다.

현행 동물보호법에는 동물을 생산, 판매, 수입하는 업자에게 동물의 보호 및 공중위생상 위해 방지 등에 관한 교육을 받도록 하는 규정은 있지만, 반려동물을 기르고자 하는 사람 또는 동물을 학대한 반려인이 교육을 받도록 하는 규정은 없다(다만, 맹견*의 소유자는 맹견의 안전한 사육 및 관리에 관해 정기적으로 교육을 받도록 하는 내용의 동물보호법 제13조의2가 신설되었다. 이 조항은 2018년 3월 20일 개정되어 2019년 3월 21일부터 시행되고 있다). 반려인 교육의 필요성과 현실성을 고려해 구체적인 법률이 조속히 마련되어야 할 것이다. 법률 개정에 시간이 많이 소요된다면, 우선 지자체의 조례나 사회 여러 단체 등을 통해 반려인 교육과 반려견 훈련 등이 적절히 이루어질 수 있도록 인프라를 마련해가야 한다.

2017년 11월경 경기도에서는 개의 위험성을 체고(개의 크기. 발바닥에서 어깨뼈 가장 높은 곳까지의 높이)나 무게로 일률적으로

---

* '도사견, 아메리칸 핏불테리어, 아메리칸 스태퍼드셔 테리어, 스태퍼드셔 불테리어, 로트와일러 및 각 그 잡종의 개'를 말한다.(동물보호법 제2조 제3의2호, 같은 법 시행규칙 제1조의2)

분류하여 '15킬로그램 이상 반려견은 무조건 입마개를 하고, 목줄의 길이는 2미터 이내로 하도록' 제한하는 내용의 조례 개정안을 발표했다가, 기준의 부정확함과 비합리성, 과도한 권리 제한 등을 이유로 극심한 반발에 부딪혔다.

왜일까? 개의 공격성은 개의 크기나 몸무게로 정할 수 없기 때문이다. 15킬로그램 이상이지만 시각장애인 안내견으로 유명한 리트리버에게는 매우 불필요한 제한이 될 것이고, 15킬로그램 이하지만 자주 무는 중소형견에 의한 사고는 전혀 예방하지 못할 것이다. 무엇보다 몸무게는 매우 가변적이다. 몸무게가 15킬로그램 이상이 되었을 때는 입마개를 채워야 하고, 살이 빠져서 그 이하가 되면 안 채워도 된다는 결론은 어느 모로 보아도 이상하다.

이런 문제점 때문에 조례 개정 계획은 결국 철회되었다. 그리고 2018년 3월 20일에 '맹견은 외출 시 반드시 목줄과 입마개 등 안전장치를 하거나 맹견의 탈출을 방지할 수 있는 적정한 이동장치를 하도록' 동물보호법이 개정되었다.(제13조의2) 그럼에도 맹견을 단순히 품종으로만 분류한 현행 법 기준은 개의 위험성을 정확하게 판단하는 기준이 될 수 없고, 개별 개체의 공격성 테스트 등을 거쳐 맹견을 지정해야 한다는 지적이 계속 나오고 있다. 도사견, 아메리칸 핏불테리어 등은 인간이 오랜 시간 싸움을 목적으로 선택적으로 번식하고 개량해온 품종이기 때문에 공격성이 있을 '확률'이 높을 수는 있지만, 이 품종이라고 해서 다 공격성이 있지는 않다. 반면, 이 품종에 속하지 않는 개들 중에서도 환경적 영향(예를 들어 장기간 짧은 줄에만 매여 있으면서 사회화를 거치지 못했거나 학대를 받은 적이 있던 경우), 피해자의 태도 및 통제 가능한 보호자의 있고 없음(사건 당시 피해자가 개를 자극하는 행동을 했다거나 주변에 개를 통제할 수 있는 보호자가 없었던 경우) 등에 따라 없던 공격성이 생기기도 하며 잠재된 공격성이 극대화되기도 한다.

동물행동 전문가들은 이구동성으로 강조한다. 개의 공격성은 보호자가 평생 개줄에 묶어놓거나 좁은 장소에 가두어놓고 방치하는 등 사람이나 다른 개들과 제대로 교류하지 못하게 함으로써 보호자가 만든 결과가 대부분이라고. 이 때문에 외국에서는 보호소에 있는 개들도 하루 세 번씩 산책을 시키도록 하고, 수 시간 이상 개를 혼자 방치하거나 좁은 장소에 가두어 두지 않도록 상세히 사육 방법을 규정하고 있다. 이처럼 좀 더 성숙한 반려문화와 공존을 위해 우리에게 필요한 것은 맹견을 어떻게 차단할지의 문제나 획일적인 사후대책이 아니라 맹견이 애초에 발생하지 않도록 예방하는 것이다.

# 아무나
# 반려견을 키우면
# 안 되는 사회,
# 불가능할까요

한국에서 반려동물 산업이 성장한 이후로 그 어느 때보다 반려견에 대한 대중의 관심이 높다. 반려인의 부주의 때문에 발생한 안타까운 사건사고는 반려견에 대한 공포나 혐오를 불러일으키기도 했지만, 한편으로는 반려견 교육과 펫티켓에 대한 관심을 확산시키고 동물보호법 등 관련 법령의 개정 논의를 활발하게 하는 효과를 가져온 것도 사실이다.

반려견 문제는 반려견으로 인한 인명사고만 말하는 것은 아니다. 매년 그 숫자가 늘어나는 유기견 문제는 물론, 애니멀호더를 비롯한 반려견에 대한 학대, 반려인과 이웃 간의 분쟁, 반려견의 질병이나 행동이상, 반려견을 키우는 가족 내 고민과 갈

등, 반려견에 공포를 느끼는 사람들의 불편함 등 개인에 따라 제각기 다른 고민을 모두 반려견 문제라 할 수도 있을 것이다.

과연 이 수많은 문제에 대한 해답은 무엇일까? 아니, 해답이 존재하기는 하는 것일까? 한쪽에서는 뜬장에 가둔 개에 호르몬 주사를 놓아가며 쉴 새 없이 강아지를 생산해내고, 다른쪽에서는 쉽게 입양되었다가 버려진 유기견을 구조하고 보호할 자원이 부족해서 건강한 강아지에게 안락사 주사를 놓기도 한다. 언제까지 이런 상황이 계속되어야 할까.

'사지 말고 입양하세요.'
'강아지는 물건이 아니라 생명입니다.'

모두 훌륭한 말이지만, 유기견의 숫자는 해마다 반려 인구의 숫자에 비례라도 하는 듯 늘어만 간다. 의식의 변화를 시도하는 것만으로는 역부족이다.

어쩌면 자본주의 국가에서 돈이 있으면 무엇이든 가질 수 있는 자유를 누려야 한다는 소비자들의 쉬운 인식 때문에, 또 어쩌면 강아지 공장, 애견숍, 동물 사료 및 용품 제조업체, 판매점 등 반려동물 산업의 큰 축을 차지하고 있는 사람들의 이익 때문에, 우리가 너무 오랫동안 미뤄온 반려동물 소유 규제를 이제는 시작해야 할 때가 아닐까. 그 속에 수많은 문제의 해답이 있지는 않을까.

강아지 공장과 애견숍은 몇 년간 언론보도 등을 통하여 대중에게 (다른 업종에 비해) 충분한 매를 맞았는지도 모른다. 2018년 3월 22일부터 시행된 동물보호법에서는 동물생산업을 다른 업종과는 달리 신고제에서 허가제로 전환했고(농림축산식품부는 이를 국민적 요구에 의한 것이라고 설명하고 있다), 동물보호법 시행규칙에는 이들의 영업에 대한 많은 규제를 포함했다. 간단히 소개하자면 다음과 같다.

### 영업별 시설 및 인력기준 변경 및 신설(안 별표9)

**생산업** : 뜬장 신규 설치 금지, 번식이 가능한 개·고양이 75마리당 1명 인력 확보, 바닥면적 30% 이상 평판 설치, 운동장 설치 등

**전시업** : 전시실·휴식실 구분, 소독장비, 이중문과 잠금장치, 생리적 특성을 고려한 시설 설비, 20마리당 1명 관리 인력 확보

**위탁관리업** : 위탁관리실·고객응대실 구분, 개별 휴식실, 이중문과 잠금장치, 폐쇄회로 녹화장치 설치, 20마리당 1명 관리 인력 확보

**미용업** : 작업실·대기실·응대실 구분, 반려동물 이동미용차량, 소독장비, 미용 작업대와 고정장치, 급·배수 및 냉·온수설비 등

**운송업** : 운송차량 내 냉·난방, 상해 예방시설 설치, 운송 중인 동물 수시 확인 가능한 구조

이처럼 반려동물 관련 영업자에 대한 규제가 발전해 나감과

동시에, 반려인이 되고자 하는 개인에 대한 규제도 적절히 논의되어야 한다. 누구나 경제력이 있으면 공산품을 구매할 수 있는 것과는 달리, 누구든 반려견을 키울 수는 없다는 공감대가 형성되기는 과연 어려운 것일까?

끔찍한 아동범죄 사건을 접할 때면 사람들은 흔히 "저런 사람들은 부모 될 자격이 없다"라고 말한다. 그러나 국가는 누구에게도 스스로 자식을 낳을 권리를 제한하지는 않는다. 미성년자에게도, 경제력이 없는 자에게도, 설사 모두가 입을 모아 부모 자격이 없다고 하는 사람에게까지도 말이다(물론 자식을 낳은 후에 친권이나 양육권을 제한하는 경우는 있다).

그러나 입양은 다르다. 입양을 하려는 자는 성년이어야 하고(민법 제866조), 배우자가 있는 경우 배우자와 공동으로 입양해야 하며(민법 제874조 제1항), 가정법원은 미성년자를 입양하려는 사람의 양육 상황, 입양 동기, 양육 능력, 그 밖의 사정을 고려해 입양의 허가 여부를 판단한다.(민법 제867조) 입양의 경우는 출산과 달리 이른바 '부모 될 자격이 있는지'를 나라에서 심사할 권리를 갖는다고도 할 수 있겠다. 민법은 그 목적을 '양자가 될 자의 복리를 위해'라고 명시하고 있다.

입양의 대상이 사람인 경우와 동물인 경우가 같다고 말하는 것은 아니다. 다만, 입양 주체가 모두 사람이므로 국가는 누군가의 '생명을 입양할 권리'를 제한할 수 있다는 얘기를 하고 싶은 것이다. 자녀를 입양하는 데에도 일정한 제한이 있는데, 반려견을 입양하는 데에 '반려인 자격이 있는지' 국가가 심사하는 것이 헌법에서 부여하는 인간의 기본권을 침해하거나 국민의 법 감정에 크게 반하지는 않는다고 생각한다. 비록 그 목적이 반려동물의 복리를 위해라는 데에까지 공감대를 형성하기는 어렵더라도, 동물 유기 방지와 건전한 동물반려 문화의 정착을 위해서라면, 좀 더 많은 사람이 공감할 수 있지 않을까?

부산시 부산진구에서 가구당 반려견의 숫자를 다섯 마리로 제한하자는 조례안이 발의되었다가 동물단체와 시민들의 큰 반발 속에 보류된 바 있다. 이 조례처럼 입법 목적과 제한의 근거가 뚜렷하지 않은 성급한 법안은 국민적 공감대를 형성할 수 없으며, 반려견 소유 제한은 조례나 하위 법령이 아닌 상위 법에서 다루어야 할 문제다.

반려견의 소유 제한에 대해 다음과 같은 두 가지 내용을 제안하고자 한다.

첫 번째는 양적 제한으로, 개인이 키울 수 있는 반려동물의 수를 제한하는 것이다. 어떤 훈련사는 반려견 1마리에게 최소한 1인의 핸들러가 필요하다고 하면서, 예를 들어 1인 가구가 2마리 이상 키우거나 2인 가구가 3마리 이상을 키우는 것을 추천하지 않는다. 일부 전문가의 이런 의견에 동의하지 않는 사람은 많겠지만, 예를 들어 1인 가구가 반려견 10마리를 키우는 것이 적절치 않다는 데에는 아마도 많은 사람이 동의할 것이다. 전문가의 의견과 통계 등을 바탕으로 법령이 허용하는 최대한도, 1과 10 사이의 어느 지점을 찾을 수 있지 않을까? 물론 기준은 가구가 아닌 가족 구성원의 수일 수도 있고, 시도마다 다를 수도 있으며, 유기견 보호소 등 일부 단체나 합리적인 이유로 여러 마리의 반려견을 반려하고 있는 개인 등 특별한 사정이 있는 가구는 예외로 해야 할 것이다.

두 번째는 질적 제한으로, 일정한 요건을 갖춘 사람만이 반려견을 입양할 수 있도록 하는 것이다. 거주지에서 반려동물의 소유를 금지하지 않는 등 반려가 가능한 환경에 있는 자일 것, 반려견에 기본적인 생활환경 및 적절한 치료를 제공할 수 있을 정도로 경제적인 요건을 갖춘 자일 것, 게다가 기본적인 교육을 이수하는 등 반려견에 대한 충분한 이해를 갖춘 자여야 할 것이다.

특히 시급한 것은 동물학대 전력이 있는 자의 동물 소유를 제한하는 것인데, 소유자에게 학대받은 동물의 경우 소유자에게 반환할 것이 아니라 해당 동물에 대한 소유권을 강제로 상실시켜야 하고, 특별한 사정이 없는 이상 그가 소유하고 있는 다른 동물들의 소유권도 박탈해야 하며, 그 이후에도 일정 기간 동물의 소유나 점유를 제한해야 한다. 예를 들어 미국의 경

우, 주州마다 차이는 조금씩 있으나 동물학대자가 유죄판결을
받은 경우 법원이 징역이나 벌금형과는 별개로 해당 동물의 소
유권을 강제로 상실케 할 수 있도록 한다. 또한 동물학대자를
체포하는 경우 유죄판결을 받기 전이라도 피학대동물뿐만 아니
라 그가 소유한 모든 동물을 점유하고 압류할 수 있도록 하고,
유죄판결 후 법원이 합리적으로 판단하는 기간에 학대자의 동
물 소유나 양육 자체를 금지시킬 수도 있다.

그런데 우리나라에서는 동물보호법 시행규칙에서 '소유자로
부터 학대를 받은 동물은 수의사의 진단에 따라 3일 이상의 기
간 동안 소유자로부터 격리하여 보호조치하도록' 하는 내용이
전부이며, 소유자가 보호 비용을 지급하고 반환을 청구하는 경
우 그 반환을 거부할 근거조차 없는 실정이다.

반려견의 소유를 제한하는 법령을 제정해야 한다고 생각할
때마다 머릿속에 씁쓸한 상상이 떠오른다. 법령 공포 후 시행
전까지 아마도 애견숍과 분양 사이트를 도배하게 될 문구다.

'20××. ×. ×.부터 강아지 소유가 1가구당 3마리로 제한됩니
다. 지금 빨리 구매하세요.'

# 반려견 관리 강화보다
# 배설물 수거 단속부터

이청아 변호사

"3월부터 시행되는 개파라치와 반려견 목줄 2미터 제한에 대한 뉴스 기사를 보았습니다. 개파라치는 사진을 찍어 포상금을 받는 제도라는 것도 알겠습니다. 반려견을 키우는 사람들은 동물보호법 강화를 요구했고 새 정부를 맞아 더 큰 목소리를 냈고 대통령님은 공략으로 동물보호법을 내세우셨습니다. 하지만 이 제도는 너무 모순적이라고 생각합니다. 지금 대한민국은 몰카 천국입니다. 과연 이 제도가 시행된다고 반려견 사진만 찍을까요? 개파라치는 오히려 더 당당하게 몰카를 찍을 구실만 만들어주는 것이라고는 생각 안 하세요? 그리고 목줄을 2미터로 제한해버리면 반려견들의 행동범위도 좁아

질뿐더러 목줄 길이도 눈대중으로 짐작해야 하고 기준은 안 넘어도 2미터 넘어 보여서 사진 찍었다고 둘러대 버리면 그때는 어쩌죠?"

2018년 2월경 청와대 국민청원 홈페이지에 올라온 글이다. 정부는 반려견 물림 사고가 잇따라 발생해 반려견 안전관리 문제가 사회적 이슈로 떠오르자 2018년 1월 18일 반려견 안전관리 대책을 발표했다. 먼저 공동주택 내 사육과 어린이 관련 시설 출입을 금지하고, 소유자와 함께 있어야만 외출이 가능하며 목줄과 입마개 착용이 의무화된 맹견의 견종 범위를 확대했다. 또 소유주의 안전관리의무 불이행 사고에 대한 법적 처벌을 강화했고, 사람을 공격해 상해를 입힌 이력이 있거나 체고 40센티미터 이상인 개를 관리대상견으로 구분했다. 관리대상견은 엘리베이터, 복도 등 건물 내 협소한 공간과 보행로 등에서 입마개 착용을 의무화하기로 했다.

정부가 발표한 이번 반려견 안전관리 대책 가운데 소유자 등 처벌을 강화하는 것은 형벌 자체의 특성으로 인해 어느 정도 효과가 있을 수도 있다. 하지만 이번 대책은 상황과 컨디션을 고려하지 않고 '생명체'인 반려견에 무조건 입마개나 짧은 목줄을 할 것을 강요하는 측면이 있다. 요건에 해당하는 반려견에 입마개나 짧은 목줄을 의무화한 대책이 오히려 반려견의 스트레스를 증폭시켜 공격성을 증가시킬 수 있다는 지적도 제기된다. 정부가 여론에 떠밀려 반려견 안전관리 방법론에 대한 충분한 조사와 연구를 바탕으로 하지 않은 채 성급하게 이번 대책을 낸 느낌을 지우기 어렵다.

그 외에도 이번 대책은 특히 다음 두 가지 부분에서 논란의 여지가 있다. 먼저 상해를 입힌 이력이 없거나 맹견에 해당하지도 않는데도, 단순히 체고가 40센티미터 이상이라는 기준으로 관리대상견으로 지정하고 입마개 착용을 의무화한 부분이다. 만약 40센티미터 이상의 체고라는 이유만으로 관리대상견이 된 반려견의 소유자가 입마개 착용 의무 위반으로 과태료°를 부과받는 경우, 그러한 자가 '체고 40센티미터 미만인 맹견이 아닌 반려견의 소유자' 또는 '사람을 물어 상해를 입힌 적이 있는 맹견이 아닌 반려견의 소유자'와 다르거나 혹은 같이 취급받는다고 가정해보자. 그들은 행정청의 과태료 부과 처분을 합당한 기준에 의한 것이라며 받아들일 수 있을까? 다분히 행정편의주의에 따른 기준만을 근거로 법적 제재를 가하는 것으로, 부과 대상이 되는 소유자들의 반발 및 관련 법적 분쟁을 야기할 것이다.

그다음은 일명 개파라치 제도의 시행 부분이다. 2018년 3월부터 이 안전관리 대책을 위반하는 장면을 포착해 신고하는 경우 신고포상금을 지급하는 제도를 시행한다는 것이다. 아직 제도 운용에 관한 구체적인 가이드라인이 발표된 것은 아니나, 이런 제도가 시행되면 반려견 소유자와 신고포상금을 받고자 하는 자 간에 물리적 충돌이나 갈등, 이로 인해 사생활 침해에 기인해 법적 다툼이 발생될 가능성이 높아 보인다.

그동안 시행된 파파라치 제도 중에 일명 '카파라치' 같은 경우 자동차 번호판을 찍으면 지방자치단체나 수사기관이 소유자를 파악할 수 있기 때문에 이런 우려가 없었다. 그런데 반려견의 경우 반려견이 입마개를 하지 않고 소유자와 함께 산책하는 장면을 촬영한다고 해도 그것만으로 소유자의 인적사항을 알 수 없는 게 문제다. 결국 현실적으로 안전관리의무 위반자를 신고하려면, 위반 장면을 촬영하는 것만으로는 부족하고 직접 반려견 소유자에게 인적사항을 물어보거나 몰래 뒤따라가서 주소지를 알아내야 하는 방법 등을 사용할 수밖에 없다. 이때 반려견 소유자와 파파라치 사이에 불필요한 물리적 충돌이나 폭력적인 언어가 오갈 수 있고, 심한 경우에는 폭행 등 형사상 문제가 발생할 수도 있다. 그리고 만약 파파라치가 몰래 반려견 소유자를 뒤따라가는 경우, 경범죄처벌법상 불안감 조성 행위에 해당할 수 있고, 아파트나 빌라의 계단, 복도 안까지 몰래 따라가는 경우에는 주거침입죄로 문제될 수도 있다.

이런 상황이 어렵지 않게 예상되다 보니 개파라치 제도의 실효성에 의문이 드는 것이다. 주무부처인 농림축산식품부조차 제도의 한계를 인정하고 있다.

"사진만 주시면 그걸 가지고 지자체에서 이 분이 어느 지역에 사시는 누구인지를 추정해내서 조치를 하기가(어렵다)……."

이런 현실적 한계 속에서 개파라치 제도의 실효성을 높이려면 입마개와 목줄 길이에 대한 일률적·무조건적 규제 방식을 다시 생각해보고 주인에 대한 정보 인식이 가능하게끔 반려견 등록제도부터 보강해야 한다는 생각이 든다.

마지막으로, 정부는 반려견 안전관리 대책을 발표하면서 앞으로 새로운 제도 시행을 위해 동물보호법 등 관련 법령의 조속한 개정을 추진하겠다고 밝혔다. 그리고 제도 시행에 앞서 대국민 홍보를 강화하여 사람과 동물이 공존하는 문화를 조성할 수 있도록 노력하겠다는 입장도 표현했다. 하지만 관련 법 개정과 홍보, 문화 조성과 같은 일은 모두 어느 정도 시간이 필요하다. 이처럼 시간이 필요한 일들에 앞서 목줄 착용이나 배설물 수거 의무처럼 좋은 제도가 현행 법규로 정해져 있는데 단속 행정력 부족 등으로 제대로 적용되지 않는 부분부터 정부가 먼저

---

정부는 결국 2018년 3월 말경 개파라치 제도(신고포상제)를 둘러싼 사회적 갈등, 사생활 침해 논란, 현실적인 한계점 및 예산 확보 미흡 등을 이유로 이 제도의 시행을 전격 보류했다.

나서야 한다. 조속히 관련 법령 개정을 준비하면서 이 같은 사례를 조사하여 현 제도 운용을 개선해나가는 노력이 선행되어야 한다는 것이다. 그래야 관련 법령이 개정되어도 잘 시행될 수 있다.

# 펫티켓,
## 정확하게 알아야
## 제대로 지킬 수 있다

김슬기 변호사

나는 강아지를 매우 좋아한다. 하지만 길거리에 버려진 반려견 배설물을 보면 불쾌하고, 목줄을 하지 않은 강아지를 앞세워 "친구야. 반갑지?" 하며 무작정 다가오는 사람들을 만나면 난감하며, 처음 보는 대형견이 달려와 점프하면 순간 두려움을 느낀다. 하물며 원래 개를 싫어하거나 무서워하는 사람은 오죽할까.

명절 연휴 때면 귀성·귀경길 고속도로 휴게소에서 반려견과 함께한 사람들을 심심찮게 볼 수 있다. 반려견과 함께 먼 길을 다니고, 또 휴게소에서 반려견을 위해 짧은 산책을 마다하지 않는 사람들이 많아진 것 같아서 참 다행이라는 생각이 들었다. 그와 동시에, 휴게소 곳곳에 치우지 않은 반려견의 배설물과 목줄 없이 반려견을 휴게소 공원에 풀어둔 사람들을 보며 씁쓸한 마음을 감출 수 없던 것도 사실이다.

반려동물 정책을 개선하자는 목소리를 내면서 절망적인 순간은 반려동물에 대한 아무런 지식 없이 무작정 혐오를 드러내는 비반려인들을 만날 때보다는, 오히려 반려동물과 함께 살면서도 이미 정해진 규칙을 지키지 않는 같은 반려인들을 만날 때다.

그래서 이 글에서는 반려인이 일상생활에서 지켜야 할 아주 기본적인 현행 법령을 정리하여 소개해보고자 한다. 이 정보들은 이미 많이 알려져 있지만 그럼에도 정확한 규정의 의미까지는 미처 잘 모르는 사람들, 혹은 알면서도 단순히 불편하다는 이유로 지키고 있지 않은 사람들, 또 법령을 잘 지키고 있는 반려인들에게 근거 없는 비난을 가하는 사람들에게 조금이나마 도움이 되었으면 한다. 또한 현행 법령을 정확히 알고 있어야 관련 법령과 정책의 개선에 대해서도 의견을 개진하고 건전한 비판을 할 수 있을 것이다.

소유자, 애완동물, 동물의 휴대 등의 단어는 법령의 내용을 좀 더 정확하게 전달하고자 해당 법령에서 쓰이는 단어를 그대로 사용했다는 점을 미리 밝혀둔다.

2개월 이상의 반려견은 등록 대상 동물로서 시장, 군수, 구청장에게 등록해야 한다는 점은 이미 잘 알려져 있다. 등록 대상 동물을 등록하지 않은 자에게는 최대 100만 원의 과태료가 부과될 수 있다.

그런데 반려견을 등록한 이후에도 간과하지 말아야 할 점이 있다. 다음 사항이 변경된 경우에는 변경사유가 발생한 날로부터 30일 이내에 변경신고를 해야 하는데, 이사를 하거나 심지어 전화번호가 변경된 경우에도 변경신고를 해야 한다는 것이다. 변경신고를 하지 않은 자에게는 최대 50만 원의 과태료가 부과될 수 있다.

① 소유자 ② 소유자의 주소 ③ 소유자의 전화번호 ④ 등록대상동물을 잃어버리거나 등록대상동물이 죽은 경우 ⑤ 등록대상동물 분실신고 후, 그 동물을 다시 찾은 경우 ⑥ 무선식별장치 또는 등록인식표를 잃어버리거나 헐어 못 쓰게 되는 경우

동물 등록은 소유자가 직접 지방자치단체에서 하거나, 등록업무의 대행이 가능한 동물병원, 동물보호단체, 동물판매업자, 동물보호센터를 통해 할 수 있다.(시행규칙 제10조 제1항) 또한 무선식별장치 또는 등록인식표를 잃어버리거나 못 쓰게 되어 변

경 신고를 하는 경우를 제외한 나머지 등록 또는 변경 신고는 동물보호관리시스템 홈페이지(www.animal.go.kr)를 통해 온라인으로 할 수도 있다.

최근 개정 법안에서는 등록 대상 동물을 등록하지 않은 소유자를 신고 또는 고발한 자에 대하여 농림축산식품부장관 또는 지방자치단체의 장이 포상금을 지급할 수 있는 근거를 제41조의2에 신설하고, 2019년에는 농림축산식품부가 동물 등록 자진신고 기간을 운영해 자진신고 시 과태료 벌칙을 면제해주는 등 등록률을 높이기 위해 노력하고 있다.

### 반려견과의 외출 (동물보호법 제13조 등)

반려견과 함께 외출 시에는 소유자의 성명, 전화번호, 동물등록번호가 기재된 인식표를 부착해야 하며, 목줄 또는 가슴줄을 하거나 이동장치를 사용해야 하고, 배설물을 적절히 수거해야 한다. 다만, 월령 3개월 미만인 등록 대상 동물(개)을 직접 안아서 외출하는 경우 해당 안전조치를 하지 않을 수 있다는 내용이 최근 추가되었다. 목줄 또는 가슴줄을 착용했더라도 동물을 효과적으로 통제할 수 있고, 다른 사람에게 위해를 주지 않는 범위의 길이여야 하므로(시행규칙 제12조 제2항), 단순히 목줄 또는 가슴줄을 착용한 것만으로는 법 제13조 제2항에서 정하는 안전조치 의무를 다했다고 할 수 없다.

배설물은 소변의 경우 공동주택의 엘리베이터, 계단 등 건물 내부의 공용공간 및 평상, 의자 등 사람이 눕거나 앉을 수 있는 기구 위의 것만 치우면 되고, 대변의 경우 장소의 제한 없이 모두 수거해야 한다.

인식표 부착 의무, 안전조치 의무, 배설물 수거 의무를 이행하지 않은 자에게는 50만 원 이하의 과태료가 부과될 수 있다.

그 외에도 경범죄처벌법에서는 '사람이나 가축에 해를 끼치는 버릇이 있는 개나 그 밖의 동물을 함부로 풀어놓거나 제대로 살피지 아니하여 나다니게 한 사람'에게는 최대 10만 원의 벌금형을 규정하고 있는데(제3조 제1항 제25호), 이는 해당 동물이 사고를 발생시켰을 것을 요건으로 하지 않으므로 평소 공격

| 근거법률 | 금지행위 | 위반효과 |
|---|---|---|
| 도시공원 및 녹지 등에 관한 법률 | • 도시공원 또는 녹지에서 동반한 애완동물의 배설물(소변의 경우는 의자 위의 것에 한정)을 수거하지 않는 행위<br>• 동반한 애완견을 통제할 수 있는 줄을 착용시키지 아니하고 도시공원에 입장하는 행위 | 20만 원 이하의 과태료 |
| 공유수면 관리 및 매립에 관한 법률 | 바다, 바닷가, 하천 등 공유수면에 가축분뇨, 동물의 사체를 버리거나 흘러가게 하는 행위 | 3년 이하의 징역 또는 3000만 원 이하의 벌금 |
| 물환경보전법 | 하천, 항만 등 공공수역에 가축분뇨를 버리는 행위 | 1년 이하의 징역 또는 1000만 원 이하의 벌금 |

성이 있는 개에게 목줄을 하지 않고 외출한 경우 동물보호법 위반 외에 경범죄도 성립할 수 있다.

벌금은 행정질서 벌인 과태료와 달리 범죄행위에 대해 부과되는 형사처벌이므로, 금액의 상한이 낮다고 해도 앞서 살펴본 동물보호법상 과태료에 비하면 중한 벌이다.

한편, 환경 관련 법령에서도 동물의 사육과 관련해 앞 쪽 표와 같은 규정을 두고 있는데, 모두 상식적인 수준의 내용이라고 생각된다.

### 반려동물의 승용차 탑승 (도로교통법 제39조 제5항)

운전자는 동물을 안고 운전 장치를 조작하거나 운전석 주위에 물건을 싣는 등 안전에 지장을 줄 수 있는 우려가 있는 상태로 운전해서는 안 되며, 동물을 안고 운전한 자는 최대 20만 원의 벌금형에 처해질 수 있다.

현행 법령은 이처럼 동물을 안고 운전하는 행위만 금지하고 있으나, 프랑스 등 해외 입법례와 같이 '반려동물을 차에 탑승시킬 때 동물용 상자, 안전띠 등의 안전조치를 해야 한다'는 도로교통법 일부 개정안이 현재 발의되어 있고, 무엇보다도 반려동물의 안전을 위해서는 켄넬을 이용하는 등 승용차에 추가적인 안전장치를 하는 것이 바람직하다.

대중교통은 관련 법률에서 대부분 각 사업자가 약관으로 동물의 운송에 관한 내용을 정할 수 있도록 하고 있고 그 허용범위가 각각 달라질 수 있으므로, 반려동물과 대중교통을 이용해야 한다면 자신이 이용하는 지역의 교통수단의 운송약관을 확인해보는 게 좋다. 몇 가지 대표적 운송약관의 내용을 소개하자면 다음과 같다.

서울시와 경기도의 버스 운송사업 약관에서는 장애인 보조견 및 전용 운반상자에 넣은 애완동물은 탑승이 가능하도록 하고 있으므로, 케이지 등 이동상자에 넣은 반려동물과 함께 탑승이 가능하다. 단, 위화감이나 불쾌감을 주는 동물일 경우 버스기사가 탑승을 제한할 수는 있다.

지하철의 경우 서울메트로에서 운영하는 지하철은 '이동장에 넣어 보이지 않게 하고 불쾌한 냄새가 나지 않으면' 반려동물과 함께 탑승이 가능하나, 반면 인천시지하철공사와 같이 장애인 보조견 외의 반려동물의 동승을 전면 금지하는 곳도 있으니 유의하자.

한국철도공사는 '목줄 등 안전조치를 한 장애인 보조견 및 다른 사람에게 위해 또는 불편을 끼칠 염려가 없는 애완용 동물을 전용 케이지 또는 가방 등에 넣어 외부로 노출되지 않게 하고, 광견병 예방접종 등 필요한 예방접종을 한 경우' 동물을 휴대할 수 있도록 하고 있으므로, 기차의 탑승 시에는 이와 같은 제한을 준수하면 될 것이다.

비행기는 각 항공사의 홈페이지에서 동물 탑승에 관한 규정을 손쉽게 확인할 수 있다.

반려인은 동물을 싫어하는 비반려인이 같은 사회에 있음을, 또 비반려인은 동물을 가족의 구성원으로 여기며 살아가는 반려인이 자신의 이웃으로 살고 있음을 알아둬야 한다. 내겐 불편하지만 감수하는 것이 아니라, 나와 아무런 상관 없는 것이라고 느낄 수 있어야 한다. 다시 말해, 반려인은 규칙을 지키고 살면서도 죄인이 된 듯한 기분을 느끼지 않을 수 있어야 하고, 비반려인은 타인의 반려동물이 내게 어떠한 위협을 가하거나 피해를 끼치지 않을 것이라는 믿음을 가질 수 있어야 한다.

그것이 어쩌면 현대 사회에서 내가 타인에게 요구할 수 있는 마지노선인지도 모른다. 그러기 위해서 올바른 규칙이 필요하고, 규칙을 지키는 태도가 필요하다. 규칙은 내가 편하기 위해서 존재하는 것이 아니다. 다양한 사람들이, 또 다양한 생명체가 공존하기 위해 존재하는 최소한의 제한이자 약속이다. 물론 그 위에 예의와 배려가 더해진다면 더할 나위 없이 좋겠지만, 이는 법의 영역이 아닌 개인의 자율에 맡겨둘 부분이다.

걷기 편안한 날씨가 되면 더 많은 사람들이 반려견을 데리고 내 집 앞으로, 거리로, 공원으로 산책을 나올 것이다. 물리적으로 가까워지면 사고나 갈등의 가능성도 높아질 텐데, 반려인과 비반려인 사이의 갈등과 혐오가 지금보다 더 깊어질까 걱정이다.

반려견 안전관리 대책을 지금보다 더 훌륭한 것으로 바꿔나가기 위해서는, 반려견으로 인해 피해를 입는 사람이 없어야 하고 반려인들이 더 멋진 사람이 되어야 한다. "왜 목줄 안 하세요?"라는 말을 듣는다면 당신은 현행 법을 위반하고 있음은 물론이고 당신의 반려견에게도 규칙을 가르칠 자격이 없는 사람이라는 의미일 것이다. 질서를 잘 지키고 있음에도 "왜 입마개안 하세요?"라는 비난을 듣는다면 "맹견이 아니고 공격성이 없어서 착용하지 않아도 됩니다. 제가 줄 잡고 있으니 안전하게지나가세요."라고 당당하게 대답해주자.

# 가족 같은 반려동물,
# 법 조항은
# 여전히 재물 취급?!

2018년 5월 8일 부산지방법원 서부지원은, 타인의 반려견인 래브라도리트리버 '오선이'를 가지고 탕제원에 가서 4만 원을 주고 개소주로 만들어 달라고 부탁해 죽인 피고인 김 씨에게 점유이탈물 횡령죄 및 동물보호법 위반죄로 징역 6개월에 집행유예 2년을 선고하고, 150시간의 사회봉사를 명령하는 판결을 내렸다.

판결을 보도한 기사에 따르면, 피해자인 오선이의 가족과 동물보호단체는 절도죄의 적용을 주장했으나 검찰은 김 씨를 점유이탈물횡령 혐의로 기소했다고 한다. 이 사건에서 두 범죄 중 어느 죄로 기소하는지가 중요한 이유는 무엇보다도 선고할 수 있는 최대 형량에 큰 차이가 있기 때문이다. 형법에서 절도 죄의 법정형은 '6년 이하의 징역 또는 1000만 원 이하의 벌금'으로, 점유이탈물횡령죄의 법정형은 '1년 이하의 징역이나 300만 원 이하의 벌금 또는 과료'로 하고 있다.

**형법**

제329조(절도) 타인의 재물을 절취한 자는 6년 이하의 징역 또는 1000만 원 이하의 벌금에 처한다.

제360조(점유이탈물횡령) ① 유실물, 표류물 또는 타인의 점유를 이탈한 재물을 횡령한 자는 1년 이하의 징역이나 300만 원 이하의 벌금 또는 과료에 처한다.

추측컨대 검사는 보호자가 오선이를 분실한 상태였고 또 피의자가 그와 같이(주인이 없거나 잃어버린 개인 것으로 알았다고) 주장해 오선이가 피해자의 '점유 상태'에서 벗어났으므로 절도죄의 구성요건을 충족하지 않는다고 판단하고 피의자를 점유이탈물횡령죄로 기소했을 것으로 보인다.

한편 법원은 김 씨가 오선이를 데려가 죽인 사실에 대해서는 검찰이 기소한 것과 같이 동물보호법 위반죄를 인정했다.

**동물보호법**

제8조(동물학대 등의 금지) ③ 누구든지 다음 각 호에 해당하는 동물에 대하여 포획하거나 판매하여 죽이는 행위, 판매하거나 죽일 목적으로 포획하는 행위 또는 다음 각 호에 해당하는 동물임을 알면서도 알선·구매하는 행위를 하여서는 아니 된다.

1. 유실·유기동물

제46조(벌칙) ① 다음 각 호의 어느 하나에 해당하는 자는 2년 이하의 징역 또는 2000만 원 이하의 벌금에 처한다.

1. 제8조 제1항부터 제3항까지를 위반하여 동물을 학대한 자

반려동물에 '재물'의 지위를 부여하고 있는 현행 형법 하에서 이번 사건을 타인의 재물에 손해를 끼친 범죄 가운데 하나로 처벌할 수밖에 없다. 따라서 절도죄와 점유이탈물 횡령죄의 법리 내에서 그 당부를 판단해야 했을 법원과 검찰의 법리 구성 자체를 비난할 생각은 없다. 이는 국회가 헌법, 형법, 동물보호법 등 관련 법령을 제·개정하는 방법으로 해결해야 할 문제라고 생각한다.

다만 나는 이 사건을 개 식용 문제 또는 동물의 지위 문제가 아니라 오롯이 '타인의 반려동물을 죽임으로써 타인에게 돌이킬 수 없는 고통을 가한 행위에 대한 처벌'이라는 새로운 문제

로 살펴보고자 한다. 김 씨가 죽인 대상이 동물이어서 또는 개라서가 아니라, 누군가가 정서적인 유대관계를 맺고 있는 생명체라는 관점에서 말이다.

2018년 5월경 홍콩에서 개최된 국제 동물법 컨퍼런스Global Animal Law Conference에서 해외의 동물법 전문가에게 다음과 같은 말을 들었다.

"우리는 법에서 반려동물을 비반려동물과 다르게 취급하고 있습니다. 타인의 반려동물에게 해를 가한 자는 비반려동물에게 해를 가한 자에 비해 상대적으로 높은 수위의 처벌을 받게 되죠. 이제 사회가 반려동물은 인간에게 가족 구성원의 일원이라는 점을 인정하고 있기 때문이에요."

들고 보니 너무나 당연한 말이었다. 동물에 위해를 가한 자의 책임을 인간이 만들어놓은 법과 제도 하에서 논할 때, 그의 행위가 다른 인간에게 어떠한 손해를 가했는지를 따져 책임의 수위를 정하는 것은, 어쩌면 인간 중심적인 사고지만 사실 매우 합리적인 설명이 된다. 비반려동물은 보호의 가치가 낮다거나, 반려견이 아닌 개는 식용이어도 괜찮다는 얘기가 아니다. 반려동물의 지위 또는 보호에 관한 논의는 농장동물, 야생동물 등의 비반려동물과 독립하여 별도로 논의하는 게 당연하다는 것이다.

반려동물이 법에서 특별한 보호를 받아야 하는 이유는 간단하다. 누군가가 자신의 가족 구성원으로 여기고 정서적 유대관계를 맺고 있기 때문이다. 타인의 불법 행위로 가족을 잃은 사람이 자신의 정신적 고통을 입증하지 않아도 당연히 가해자에게 위자료를 청구할 수 있듯이, 타인의 반려동물에 위해를 가한 자는 동물을 학대했기 때문이 아니라, 누군가의 가족을 해쳤다는 이유만으로도 높은 수위의 처벌을 받고 위자료를 지급해야 함이 마땅하다. 만약 그것이 불가능하다면, 반려동물을 키우는 '사람'인 피해자의 권리를 국가가 적절하게 보호하지 못하고 있는 셈이다.

이를 위해서는 먼저 헌법에서 동물권 또는 국가의 동물보호 의무를 명시해야 하고, 형법과 민법에서는 최소한 반려동물이라도 그 지위를 재물이나 물건이 아닌 생명체로 다루어야 하고, 형법 또는 특별법으로 반려동물이나 그에 준하는 동물에 대한 범죄를 더욱 중하게 처벌할 수 있는 근거를 마련해야 한다. 특히 학대 등 특정한 방법으로 동물을 죽이는 행위와 유실·유기 동물 등 특정 동물을 죽이는 행위만을 처벌하고 있는 현행 동물보호법은 정당한 사유 없이 고의로 동물을 죽이는 행위를 원천적으로 금지하는 방향으로 개정되어야 한다. 그리고 법원과 검찰은 동물 관련 범죄를 저지른 자를 타인의 재산권을 침해한 자가 아니라 타인에게 돌이킬 수 없는 정신적 고통을 가한 자로 보아 엄격히 처벌해야 한다.

이 사건에서 한 가지 더 주목하고 싶은 부분이 있다. 김 씨의 요구에 따라 오선이를 직접 죽이고 개소주로 만든 탕제원의 업주다. 오선이가 김 씨의 강아지가 아니라는 점을 몰랐다는 이유로 업주에게는 동물보호법 위반 혐의 등이 적용되지 않은 것으로 보인다.

누군가가 살아 있는 동물을 데려와서 죽여 달라고 하고, 게다가 그 동물이 반려동물로 가장 많이 길러지고 있는 강아지인데, 최소한 그 사람이 그 강아지의 소유자가 맞는지 확인하지도 않고 불과 하루 이틀 사이에 죽이는 것이 가능해서는 안 된다. 그런 일을 생업으로 삼고 있는 사람에게 강아지를 도살하는 일 그 자체는 별다른 일이 아닐지 몰라도, 최소한 '혹시 누가 키우는 개라면 큰 범죄가 될 수 있으니 확인해야 한다'는 생각 정도는 들게 해야 한다. 이 사건의 경우 그나마 대상이 반려견이었으므로 사건 발생 후에라도 범인이 체포되고 사건이 드러날 수 있었지만, 보호자가 없는 유기견들은 지금 이 순간에도 그렇게 사라지고 있을지도 모른다는 상상을 하면 처참하기만 하다.

그동안 "닭이나 돼지는 먹어도 되고 왜 개는 안 되는지?"라는 질문에 답하기 위해 너무나 많은 시간을 낭비하고 있었던 것만 같다. 그 질문은 인간을 제외한 동물은 평등해야 한다라는 잘못된 전제 위에 서 있으니 말이다. 누군가의 가족인 개를 죽여서 가공하는 데에 고작 4만 원이면 충분하고, 누군가의 가족인 개를 죽이고도 집행유예의 선고를 받고 살아갈 수 있는 현실을 바꾸는 것이 훨씬 시급하다. 양형은 별론으로 하더라도, 이 사건에서 점유이탈물횡령죄는 타당하지 않다. '반려동물'과 '점유이탈물'이라는 두 단어는 그 자체로도 너무나 부조화스럽지 않은가.

끝으로 끔찍한 범죄로 가족을 잃은 오선이의 가족들에게 진심 어린 위로의 말을 전한다.

# 우리 집 반려견은 가축인가요, 아닌가요

이혜윤 변호사

현재 우리나라의 네 가구당 한 가구가 반려동물을 기르고 있으며, 전체 반려동물 양육자의 85.6퍼센트가 개를 키우고 있다고 한다. 하루를 마무리하고 집으로 돌아온 나를 반겨주는 '댕댕이'의 모습을 떠올리면 이렇게 많은 사람이 개를 키우며 함께하는 이유를 단번에 이해할 수 있다. 그런데 우리 집 댕댕이는 가축이라고 할 수 있을까?

'그렇다'고 할 수 있고, '아니다'라고도 할 수 있다. 그 이유는 '개'라는 존재를 서로 다르게 정의하는 법률 때문이다.

현행 축산물위생관리법상 개는 '가축'에 해당하지 않는다. 따라서 축산물위생관리법에 따르면 개는 축산물, 즉 식용을 목적으로 하는 동물에 해당하지 않는다. 하지만 축산법에서는 개를 '가축'으로 정의하고 있다.

### 축산물위생관리법

**제2조(정의)** 이 법에서 사용하는 용어의 뜻은 다음과 같다.

1. "가축"이란 소, 말, 양(염소 등 산양을 포함한다. 이하 같다), 돼지(사육하는 멧돼지를 포함한다. 이하 같다), 닭, 오리, 그 밖에 식용(食用)을 목적으로 하는 동물로서 대통령령으로 정하는 동물을 말한다.

### 축산물위생관리법 시행령

**제2조(가축의 범위 등)** ① 「축산물위생관리법」(이하 "법"이라 한다) 제2조 제1호에서 "대통령령으로 정하는 동물"이란 다음 각 호의 동물을 말한다.

1. 사슴

2. 토끼

3. 칠면조

4. 거위

5. 메추리

6. 꿩

7. 당나귀

**축산법**

제2조(정의) 이 법에서 사용하는 용어의 뜻은 다음과 같다.

1. "가축"이란 사육하는 소·말·면양·염소(유산양을 포함한다. 이하 같다)·돼지·사슴·닭·오리·거위·칠면조·메추리·타조·꿩, 그 밖에 농림축산식품부령으로 정하는 동물(動物) 등을 말한다.

**축산법 시행규칙**

제2조(가축의 종류) 「축산법」(이하 "법"이라 한다) 제2조 제1호에서 "그 밖에 농림축산식품부령으로 정하는 동물 등"이란 다음 각 호의 것을 말한다.

1. 노새·당나귀·토끼 및 개

2. 삭제 [2013.4.11]

3. 꿀벌

4. 그 밖에 사육이 가능하며 농가의 소득증대에 기여할 수 있는 동물로서 농림축산식품부장관이 정하여 고시하는 동물

축산법 시행규칙은 2018년 7월 12일자로 다음과 같이 개정되었고, 개정된 법은 2018년 9월 1일부터 시행되었다.

**축산법**

제2조(정의) 이 법에서 사용하는 용어의 뜻은 다음과 같다.

1. "가축"이란 사육하는 소·말·면양·염소(유산양을 포함한다. 이하 같다)·돼지·사슴·닭·오리·거위·칠면조·메추리·타조·꿩, 그 밖에 농림축산식품부령으로 정하는 동물(動物) 등을 말한다.

**축산법 시행규칙**

**제2조(가축의 종류)** 「축산법」(이하 "법"이라 한다) 제2조 제1호에서 "그 밖에 농림축산식품부령으로 정하는 동물 등"이란 다음 각 호의 것을 말한다.

1. 노새·당나귀·토끼 및 개

2. 기러기

3. 꿀벌

4. 그 밖에 사육이 가능하며 농가의 소득증대에 기여할 수 있는 동물로서 농림축산식품부장관이 정하여 고시하는 동물

이렇듯 가축의 대량 사육·산업적 이용(수급 조절, 가격 안정, 유통 개선 등)을 규율하기 위한 축산법에서 개를 가축으로 정하고 있으면서, 축산물위생관리법에서는 개를 가축으로 정하지 않고 있다. 이처럼 법령 간 모순 때문에 개는 대량 사육 및 산업적 이용은 가능하나 도살은 불가능한, 법적 지위를 알 수 없는 동물이 되었다.

축산법에 따라 대량 사육은 가능하기 때문에 개의 사육 방

식은 점차 공장식이 되어갔다. 최소한의 비용으로 개를 사육하여 최대한의 이익을 남기고자 한 육견업자들은 충분한 생활공간을 보장해줘야 하는 개들을 좁은 철장에 수십 마리씩 넣고 사육했다. 거기에다 사람들이 버린 음식물 쓰레기를 개들에게 사료 대신 주었다.

최근 SNS에서 쉽게 발견할 수 있는 끔찍한 개 농장 사진이 바로 그러한 행위의 온상이다. 개 농장의 열악한 철창 속에 말 그대로 우겨넣어진 개들은 하나같이 슬픈 눈을 하고 있다. 부패한 음식물 쓰레기를 먹고, 땅을 밟아보지도 못한 채, 구조만을 기다린다.

축산물위생관리법에 따르면 개는 식용을 목적으로 하는 가축이 아니므로, '개고기'는 존재할 수 없고 개고기에 이 법을 적용할 수 없다. 하지만 축산법에 따라 사람들은 공장식 개 농장을 운영하며 개고기를 판매한다. 개는 축산물위생관리법에 따른 가축이 아니기에 최소한의 위생관리조차 받지 못한 채 개 농장에서 잔인하게 학대당하며 살다가 어디서 어떻게 도살되는지도 모른 채 죽어가고 있다.

최근 개의 지위를 불명확하게 규정한 법률에 문제를 제기하고 개선하고자 하는 움직임이 있었다. 동물권을 연구하는 변호사단체인 PNR은 동물보호법상 '반려동물'의 지위를 가지고, 축산물위생관리법상 '축산물'로 취급되지도 않는 개를 축산법상 가축에서 제외함으로써 개의 법적 지위를 명확히하고, 공장식 개 농장에서 발생할 수밖에 없는 심각한 동물학대를 미연에 방지할 필요가 있음을 근거로 축산법 개정안 작업에 참여했다. 이상돈 의원 등 10인이 제2013577호(2018년 5월 15일)로 발의한 축산법 일부 개정안은 2019년 12월 현재 소관 상임위 심사 중에 있다.

개정 법률안의 취지는 개정안 제2조 제1호에 다음과 같이 언급되어 있다. 축산물위생관리법상 가축에 해당되지 않는 개가 가축의 개량·증식 및 산업적 이용을 전제로 한 축산법에서는 가축으로 규정되어 있다. 그런데 축산법에 따라 개의 사육이 가능해지면서 육견업자들이 최소한의 비용으로 최대한의 이익을 남기는 방식으로 개를 사육하는 등 공장식 사육이 동물의 복지를 저해한다는 지적이 있어 현행 법상 가축의 정의에서 개를 명시적으로 제외하려는 것이다.

현재 개 농장의 운영 실태를 고려하면, 개를 대규모 사육 대상에서 제외하는 것은 궁극적으로 개가 식용으로 이용될 수 있도록 하는 전제를 막을 수 있다는 점에서 큰 의미가 있다. 축산법이 규정하는 가축에서 개를 제외해 반려동물로서 개의 법적지위를 명확히하고, 공장식 개 농장에서 발생할 수 있는 동물학대를 미연에 방지하자는 것이다. 현재 개 농장 운영 실태를 고려하면, 축산법을 개정해 개를 대규모 사육 대상에서 제외하는 것은 궁극적으로 개 식용을 막을 근거가 될 것이다.

법을 변화시키는 것은 여러 이해관계가 얽혀 있고 적법한 절차를 지켜야 하기 때문에 시간이 많이 든다. 과정이 답답하고 결과가 잘 보이지 않는다. 하지만 법이 변하지 않으면 적법한 제재를 할 수 없다. 모쪼록 힘들여 발의된 축산법 개정안이 통과되어, 개 식용을 종식하고 끔찍한 개 농장을 사라지게 할 수 있는 초석이 될 수 있기를 바란다.

# 창밖으로
# 반려견을 던져도
# 감옥에 가지 않는
# 이유

2019년 1월, 새해부터 사람들을 충격에 빠뜨린 사건이 발생했다. 부산의 한 건물 앞 도로에서 떨어져 죽은 것으로 추정되는 개 세 마리가 발견된 것이다. 경찰 초동수사 결과로는 도로 앞 오피스텔에서 개 주인인 A씨가 개들을 오피스텔 18층에서 던져 추락사시킨 것으로 밝혀졌다. 세 마리의 몸 속에서는 모두 동물등록 인식 칩이 내장되어 있었기에 소유주인 A씨를 빠르게 찾아내 용의자를 특정할 수 있었다.

아직 사건 발생 경위나 용의자의 범행 동기, 정신병력의 유무 등을 정확히 알 수 없고 밝혀진 사실관계가 많지 않다. 그러니 그러니 사건의 경중이나 비난 가능성에 대해 구체적으로 언급하는 것은 적절하지 않다고 보인다. 다만, 이미 언론보도에서 드러난 사실관계를 통해 개 소유주 A씨의 행동이 동물보호법상 동물학대죄에 해당하는지와 그 처벌 수위에 대해 살펴보자.

## 동물학대에 해당할까

이 사건은 A씨가 자신이 키우는 강아지 세 마리를 창밖으로 또는 옥상에서 던져 죽음에 이르게 한 행위로, 동물보호법상 반려견을 정당한 사유 없이 죽음에 이르게 하는 행위이며 동물보호법 제8조 제1항의 동물학대에 해당한다.

**동물보호법**

제8조(동물학대 등의 금지) ① 누구든지 동물에 대하여 다음 각 호의 행위를 하여서는 아니 된다.

1. 목을 매다는 등의 잔인한 방법으로 죽음에 이르게 하는 행위

2. 노상 등 공개된 장소에서 죽이거나 같은 종류의 다른 동물이 보는 앞에서 죽음에 이르게 하는 행위

3. 고의로 사료 또는 물을 주지 아니하는 행위로 인하여 동물을 죽음에 이르게 하는 행위

4. 그 밖에 수의학적 처치의 필요, 동물로 인한 사람의 생명·신체·재산의 피해 등 농림축산식품부령으로 정하는 정당한 사유 없이 죽음에 이르게 하는 행위

동물학대 사건은 과거보다 더 많이, 자주, 다양한 방법으로 발생하고 있다. 2016년 진선미 의원이 경찰청에서 제출받은 자료에 따르면 동물보호법 위반 혐의로 검거된 인원은 2012년 138명에서 꾸준히 증가해 2015년에 264명을 기록했고 2016년에는 8월에 이미 전년도보다 크게 증가한 수치를 보였다. 이런 사회 풍토를 반영해서 2018년엔 동물보호법이 개정되어 동물학대죄에 대한 법정형이 강화되었고, 현재 동물학대 행위에 대해서는 2년 이하의 징역 또는 2000만 원 이하의 벌금형에 처할 수 있다.

용의자 A씨는 경찰에 검거되어 불구속 기소되었고 부산지법 동부지원에서 2019년 5월 30일 첫 공판기일이 예정되어 있었다. 언론 보도에 따르면 그는 첫 공판기일에 불출석하고 잠적했고 법원에서 경찰에 소재 탐지를 요청했다고 한다. 그 이후 구체적인 사건 진행 경과와 처벌 수위는 입수하지 못했다.

A씨의 행위는 개정된 동물보호법에 따라 2년 이하 징역 또는 2000만 원 이하 벌금형에 처하게 된다. 다만 2년 이하 징역, 2000만 원 이하 벌금형은 법정최고형을 정한 것뿐이고 실제 처벌 수위는 이에 미치지 못하는 벌금형 또는 집행유예가 선고될 가능성이 높다.

특히 자신과 함께하던 반려견을 무려 3마리나 처참하게 죽였지만, 법원의 기존 처벌 관행에 비추어보면 A씨의 반려견인 점, A씨가 우울증이 앓고 있었다는 점 등이 참작되어 낮은 수준의 처벌을 받게 될 가능성이 있다.

집행유예란, 유죄판결을 한 뒤 형의 선고를 함에 있어서 일정 기간 그 형의 집행을 유예하는 제도다. 예를 들어 동물학대범에게 징역 1년, 집행유예 2년을 선고한다고 하면 형의 집행이 2년간 유예되는 것이며 2년 동안 다른 범죄를 저지르는 등 취소 사유가 없는 한 2년이 경과한 시점에 형의 집행은 종료되며, 실제로는 징역형에 처하지 않는 것이다.

## 동물학대에 대한 처벌, 이대로 괜찮은가

비단 이 사건뿐 아니라 동물학대 사건은 점점 늘어나고, 자극적으로 보도되고 있다. 그런데 살아 있는 한 생명을 사망하게 하거나 치명적인 상해를 입힌 범죄자에 대한 처벌은 벌금형 수준에 그치는 것이 현실이다. 이처럼 낮은 처벌 수준이 지속되다 보니 동물학대범들은 동일한 범죄를 쉽게 반복하게 되고, 자신의 학대 행위가 발각되더라도 큰 문제가 없을 것이라는 생각으로 안일하게 범행을 계속하기도 한다.

2018년 개정으로 동물학대에 대한 법정형이 강화되었다고는 하지만, 동물학대 범죄에 정해진 법정형은 다른 사람의 물건을 손괴했을 때보다 낮다. 타인의 물건(재물)을 손괴하는 경우 최대 3년 이하의 징역에 처해지지만, 동물학대 행위로는 동물을 죽음에 이르게 하더라도 최대 2년 이하의 징역에 처해지기 때문이다.

**형법**

제366조(재물손괴 등) 타인의 재물, 문서 또는 전자기록 등 특수매체 기록을 손괴 또는 은닉 기타 방법으로 기 효용을 해한 자는 3년 이하의 징역 또는 700만 원 이하의 벌금에 처한다.

우리 법은 감정을 느끼고 우리와 교류하며 살아 있는 생명을 해치는 경우에도 타인의 물건을 훼손했을 때보다 못한 처벌을 내리고 있다. 동물학대에 대한 법정형이 더욱 강화되고, 실제 법원의 선고형도 더욱더 강화되어야 동물학대 범죄에 대한 우리 사회의 경각심이 높아지고 무분별한 학대 행위도 방지할 수 있을 것이다.

동물학대 행위는 자신보다 힘이 약한 존재에 대한 학대라는 점에서 상습적으로 발현되는 경우가 많으며, 사람에게 번지기도 쉽다. 일반인의 법감정보다 한참 낮은 수준에 머물러 있는 동물학대에 대한 처벌이 강화되고, 동물학대 행위자에게 적극적인 처벌과 함께 재발방지 교육이 이루어져야 할 것이다.

# 동물등록제 시행 5년, 반려동물은 여전히 떨고 있다

김광훈 변호사

여름은 어김없이 찾아온다. 여름휴가 계획을 구상하며 들뜨는 마음과 대조적으로, 반려동물에게 여름은 유난히 걱정스럽고 가혹한 계절이다. 휴가철인 7~8월에 반려동물 유기 현상이 두드러지는 경향을 보이기 때문이다.

이와 같은 사실은 유기동물의 수가 7~8월에 월 평균보다 25퍼센트나 증가한다는 농림축산식품부의 2015년 7월 23일자 보도자료나, 또는 1월, 7월, 12월을 비교해보았을 때 7월에 유기견의 수가 두 배 이상 늘어났다거나 여름휴가철에 버려지는 반려견이 1개월 평균 8,000여 마리에 달한다는 기사 등 여러 자료를 통해 어렵지 않게 확인할 수 있다. 결코 좌시해서는 안

될 반려동물의 유기 현상. 본격적인 휴가철을 맞이하기에 앞서 한번 짚고 넘어가면 어떨까.

농림축산식품부는 2018년 6월 29일자 보도자료를 통해서 2017년 유실·유기 동물의 구조 및 보호 실태를 발표했다. 이 발표는 아래 동물보호법 제45조에 따라 농림축산식품부가 매년 의무적으로 공표하는 실태조사 및 정보공개의 일환이다.

**동물보호법**

**제45조(실태조사 및 정보의 공개)** ① 농림축산식품부장관은 다음 각 호의 정보와 자료를 수집·조사·분석하고 그 결과를 해마다 정기적으로 공표하여야 한다.

1. 제4조 제1항의 동물복지종합계획 수립을 위한 동물보호 및 동물복지 실태에 관한 사항

2. 제12조에 따른 등록대상동물의 등록에 관한 사항

3. 제14조부터 제22조까지의 규정에 따른 동물보호센터와 유실·유기동물 등의 치료·보호 등에 관한 사항

4. 제25조부터 제28조까지의 규정에 따른 윤리위원회의 운영 및 동물실험 실태, 지도·감독 등에 관한 사항

5. 제29조에 따른 동물복지축산농장 인증현황 등에 관한 사항

6. 제33조 및 제34조에 따른 영업의 등록·허가와 운영실태에 관한 사항

7. 제38조의2에 따른 영업자에 대한 정기점검에 관한 사항

8. 그 밖에 동물보호 및 동물복지 실태와 관련된 사항


이 보도자료에 따르면, 2017년 한 해 동안 구조된 유실·유기 동물은 10만 2,593마리로, 작년의 8만 9,700마리에 비해 약 14.3퍼센트가 증가했고, 종별로는 개 7만 4,300마리(72.5퍼센트), 고양이 2만 7,100마리(26.4퍼센트), 기타 1,200마리(1.1퍼센트)로 집계되었다. 더욱이 이 수치는 동물보호센터에 입소된 유실·유기 동물을 기준으로 집계된 숫자니까, 실제로 발생하는 숫자는 이를 훨씬 웃돌 것으로 예상된다.

한편, 동물보호센터에 입소된 유실·유기 동물의 보호 형태는 분양(30.2퍼센트), 자연사(27.1퍼센트), 안락사(20.2퍼센트), 소유주 인도(14.5퍼센트) 순으로 나타났다. 쉽게 말해서 동물보호센터에 구조된 반려동물 가운데 주인 품으로 다시 돌아가는 반려동물은 다섯 마리 중 채 한 마리가 되지 않고 한 마리 이상은 안락사로 생을 마감하게 된다는 것이다.

(유실동물도 포함되었다고는 하나) 이런 수치를 보면 반려동물의 유기 현상이 전혀 개선되고 있지 않음을 쉽게 알 수 있다. 심지어 유기동물의 개체수는 몇 해 동안 계속해서 증가 추세에 있기까지 하다. 동물보호법이 마련되어 있고 농림축산식품부라는 관할기관이 버젓이 존재함에도 어째서 상황은 나아지지 않는

것일까. 그리고 어디에서 해법을 찾아야 할까.

현 법제상 반려동물의 유기 현상에 대해 가장 효과적인 해법은 '동물등록제'라고 볼 수 있다. 동물등록제란 3개월령 이상의 개를 소유한 사람이 전국 시군구청에 이를 등록하도록 의무화한 제도를 말하는데, 그 목적 자체가 동물의 유기나 유실을 예방하기 위한 것이기 때문이다(현재는 개만을 대상으로 하지만, 동물등록제를 다른 반려동물로 확대 적용하는 것도 반드시 시행되어야 할 과제다).

**동물보호법**

**제12조(등록대상동물의 등록 등) ①** 등록대상동물의 소유자는 동물의 보호와 유실·유기방지 등을 위하여 시장·군수·구청장(자치구의 구청장을 말한다. 이하 같다)·특별자치시장(이하 "시장·군수·구청장"이라 한다)에게 등록대상동물을 등록하여야 한다. 다만, 농림축산식품부령으로 정하는 바에 따라 시·도의 조례로 정하는 지역은 제외한다.

동물등록제는 2014년 1월 1일 시행되어 어느덧 시행 5년째를 맞이했다. 그러나 2017년 기준 반려견 보유가구의 33.5퍼센트만이 등록 의무를 이행하고 있다는 농림축산식품부 2017년 12월 28일자 보도자료에서 알 수 있듯이, 동물등록제의 준수

현황은 여전히 저조한 수준에 머물러 있다. 등록 의무를 이행하지 않았을 때 최대 100만 원의 과태료를 부과하고 있음에도 동물등록제가 준수되지 않는 이유는 무엇일까.

**동물보호법**

제47조(과태료) ② 다음 각 호의 어느 하나에 해당하는 자에게는 100만 원 이하의 과태료를 부과한다.

5. 제12조 제1항을 위반하여 등록대상동물을 등록하지 아니한 소유자

미등록 이유를 묻는 설문에 대한 답변은 '등록할 필요성을 못 느껴서'가 37.2퍼센트로 가장 높았고, 그다음으로 '등록제도를 알지 못해서'(31.3퍼센트), '동물 등록 방법 및 절차가 복잡해서'(21.5퍼센트) 순으로 나타났다. 이런 수치는 관할기관의 동물등록제에 대한 홍보와 관리가 부족했다는 점을 여실히 보여준다. 심지어 2014년부터 2016년까지 총 494건의 동물등록제 위반건이 적발되었음에도 과태료 부과는 2014년에 단 1건에 그쳤다는 취지의 기사도 발견할 수 있다*. 관할기관이 동물등록제를 제대로 운용할 의지가 있는지 자체를 의심하게 만드는 대목

"동물등록제 시행 4년…위반건수 늘었지만 과태료 부과는 단 1건", 〈뉴스1〉, 2017. 10. 08.

이다.

이와 같은 관할기관의 안일한 대처가 반려동물 유기 현상의 지속 또는 악화에 상당한 영향을 끼쳤다고 해도 과언은 아닐 것이다. 모처럼 좋은 제도를 마련해놓았음에도 소홀히 관리해 유명무실하게 만들 것이 아니라, 동물등록제에 대한 홍보를 지속하고, 단속을 강화하며 위반 행위에 대한 엄격한 조치를 병행함으로써 동물등록제에 대해 이해하고 제도를 지키는 비율을 끌어올리기 위해 노력해야 한다.

거기에다 반려동물 유기 행위에 대한 충분한 제재조치가 마련되어 있는지도 계속 고민할 필요가 있다. 현행 동물보호법상 반려동물을 유기한 경우에는 300만 원 이하의 과태료가 부과된다.

**동물보호법**

제47조(과태료) ① 다음 각 호의 어느 하나에 해당하는 자에게는 300만 원 이하의 과태료를 부과한다.

1. 제8조 제4항을 위반하여 동물을 유기한 소유자 등

이 과태료 금액은 2018년 3월 22일부터 시행된 개정 동물보호법을 통해 기존 100만 원에서 상향조정된 것으로, 유기 행위를 방지하는 효과를 다소 기대하게 된다.

다만, 과태료는 고의에 의한 유기행위에 대해서 부과되는데, 현실적으로 이를 입증하기란 쉬운 일이 아니다. 유기 행위 의심 사안이 적발되었다 하더라도 소유자는 과실에 의한 유실에 지나지 않는다는 주장을 얼마든지 할 수 있고, 구체적인 증거 없이 이를 뒤집을 가능성은 높지 않기 때문이다. 더군다나 이와 같은 문제를 보완할 수 있는 제도로 주목을 모았던 신고포상제(일명 펫파라치)는 세부지침의 준비가 미흡하다는 이유로 무기한 연기된 상황이다.

결국 유기 행위 적발건수에 비해 실제로 과태료가 부과되는 경우가 소수에 그쳐 효과적인 제재가 어려워질 우려가 있고, 그 결과 유기행위에 대해 제재를 받을 수 있으니 주의해야 한다는 인식 자체가 옅어질 여지도 부정하기 어렵다. 이를 막기 위해 관할기관의 엄격한 단속 및 제재 시도가 필요하고, 신고포상제 세부지침 역시 조속히 마련되어야 한다.

한편, 과태료만으로 충분한 억제효과를 기대할 수 있는지 생각해보면 어떨까. 과태료는 행정질서를 유지하기 위해 행정기관에서 부과하는 금전적 징계에 해당하는지라 벌금 등 전과기록이 남는 형사처벌에 비해 억제효과가 현저히 떨어지기 때문이다. 최근 시행된 과태료 금액의 상향은 환영해 마땅한 발전적인 변화다. 다만, 이미 언급한 실효성에 대한 의문이나, 과태료 자체의 미약한 억제효과 및 반려동물의 복지에 대한 논의가 선행된 외국의 엄격한 제재(예를 들어 일본의 경우, 반려동물의 유기 행위에 대해 100만 엔 이하의 벌금을 부과하고 있다)를 감안할 때, 우리의 현 제재 수준이 과연 적당한지 역시 충분히 고민해 볼 만하다고 생각한다.

반려동물 가구 천만 시대가 도래했고, 관련 사업 규모는 2020년에 무려 5조 원을 돌파할 것으로 예상된다고 하나, 그 이면에서 실태조사의 지표가 가리키는 우리의 현주소는 그다지 낙관적이지 않다. 수년간 문제 상황을 직접 조사하고 인식해온 관할기관이 이제는 적극적으로 나서서 사회적 인식 개선을 주도해야 할 것이다.

# PC방 고양이 학대사건, 내가 목격자라면?

박주연 변호사

동물을 왜 키우는 것일까. 경기 고양시의 한 PC방 업주가 자신이 키우는 고양이를 벽과 바닥에 집어 던지고 마구 때리는 영상을 본 후 든 생각이었다. 이후 밝혀진 바에 따르면, 업주는 "고양이를 가게 밖으로 못 나가게 했는데 자꾸 말을 안 들어 교육을 하다 순간 화가 나서 심하게 때렸는데 잘못했다고 생각한다"라고 말했다고 한다.

## 고통이나 스트레스를 주는 것은 엄연한 동물학대

순간적으로 화가 나서 그랬든 괴롭히려는 목적을 가지고 그랬든 동물(고통을 느낄 수 있는 신경체계가 발달한 척추동물)에게 정당한 사유 없이 고통이나 스트레스를 주는 것은 동물학대에 해당한다. 동물 소유자가 동물을 굶주림, 질병에 방치하는 것 또한 동물학대다.(동물보호법 제2조 제1의2호) 화가 난다는 이유 등으로 언제든지 동물을 때릴 준비가 되었다거나 동물에게 필요한 식량 공급, 병원 치료 등을 제때 해주지 않을 사람이라면 동물을 키워서는 안 된다. 2개월 동안 상습적으로 학대가 가해졌다는 이번 사건의 경우 더욱 그렇다.

하지만 이처럼 자격 없는 소유자에게 동물 소유를 제한할 수 있는 근거 법령은 아직 없다. 영상 속에서 학대받던 고양이는 다행히 한 동물보호단체에 의해 구조되었지만, 또 다른 동물에 대한 학대의 위험성은 여전히 존재한다.

이번 사건으로 특히 도마에 오른 것은 경찰의 미온적 대처였다. 현행 동물보호법은 정당한 사유 없이 상해를 입히는 행위를 처벌하고 있고(제8조 제2항 제4호), 상해란 신체의 생리적 기능에 장해를 일으키는 것을 의미하므로, 반드시 신체적 외상이 없다고 하더라도 정신적 기능의 손상 등을 입으면 상해를 입은 것이다. 그러나 사건 당시 출동한 경찰 측은 "고양이 몸에 별다른 상처가 없고 주인을 잘 따르는 것으로 보인다"라는 이유로 별다른 조사 없이 입건하지 않았다.

이후 동물보호단체가 해당 고양이를 구조해 병원에 데려간 결과 갈비뼈와 치아가 부러져 있고 외상후스트레스 장애가 심각한 상황이었다고 한다. 경찰이 신고받은 당시 고양이의 상해 여부를 조금만 조사해보았더라도 동물보호법 위반으로 충분히 입건할 수 있던 사안이다. 2018년 3월 22일부터 시행되고 있는 동물보호법에 따르면 설령 동물이 상해를 입지 않더라도 정당한 사유 없이 신체적 고통을 주는 행위는 처벌될 수 있다.(제8조 제2항 제4호) 따라서 수사기관은 앞으로 별다른 상처가 없다는 이유로 훈방조치를 해서는 안 된다.

## 문제는 수사기관과 법원의 수사·처벌 의지 부족

결국 동물학대 사건을 가볍게 여겨 수사 의지가 부족했던 수사기관의 태도가 문제였다. 동물학대 사안을 엄중 처리하고자 2016년 11월경 이미 경찰서에 '동물학대사범 수사 매뉴얼'이 배포된 바 있음에도, 현재 동물학대에 대해 적극적이거나 체계적으로 수사되고 있는지는 의문이다. 앞으로 동물학대 사건이 발생하면 논란이 되기 이전에 최초 신고 접수 시부터 제대로 수사가 진행되기를 바란다. 한편, 학대행위자가 동물학대로 기소되고, 유죄로 판결난다면 2년 이하의 징역 또는 2000만 원 이하의 벌금으로 처벌될 수 있다.(동물보호법 제46조 제2항 제1호) 그렇지만 우리나라에서 동물학대를 처벌하는 정도는 매우 가벼운 편으로, 예를 들어 고양이 머리를 짓밟고 목에 줄을 걸어 배관에 묶어둔 행위가 고작 벌금 50만 원을 선고받았고, 새끼 길고양이를 내동댕이쳐 죽인 남성은 동물학대로 두 차례 벌금형을 받은 전력이 감안되었음에도 벌금 600만 원을 선고받은 데 그친 정도다. 이와 유사하게 고양이를 던져 죽인 행위에 대해 미국에서는 징역 3년형을 선고한 바 있다.

대다수의 동물학대가 벌금형에 그치는 현 상황은 동물학대를 실효적으로 방지하는 데 도움을 줄 수 없다고 본다. 처벌만이 능사는 아니라 하더라도 동물학대는 가볍지 않은 범죄임을 자각할 정도의 처벌수위는 필요하다. 나아가 상습적으로 동물을 학대하는 자에 대해서는 가중처벌하거나 앞서 언급한 것처럼 동물 소유를 제한할 수 있도록 법령이 개정되어야 할 것이다.

## 공론화되는 동물학대 문제

한편, 동물학대 행위를 목격할 경우에는 어떻게 해야 할까. 이번 사건의 신고자와 같이 학대 행위가 촬영된 영상을 제출하거나 이와 유사한 사진, 녹음 등 증거를 제출하면서 경찰에 신고하면 된다. 경찰 신고와 더불어 관할 구청(시청) 담당 공무원이나 동물보호감시원에게 출동 및 구조를 요청하고, 동물보호단체에도 동행 등 도움을 요청할 수 있다. 학대받는 동물이나 유실·유기 동물을 발견하는 경우 누구든지 시장·군수·

---

• 'PC방 고양이 학대사건'에서 결국 PC방 업주는 동물보호법 위반으로 기소되었고, 벌금 700만 원을 선고받았다.

구청장 또는 동물보호센터에 신고할 수 있고(동물보호법 제16조), 이때 시장·군수·구청장 등은 그 동물을 구조하고 보호조치를 해야 한다.(동물보호법 제14조)

동물학대 관련 기사를 자주 접하게 되는 것은 매우 안타깝지만, 이는 역으로 동물학대가 심각하다는 문제의식이 공론화되고 있다는 증거이기도 하다. 무엇이 동물학대인지와 더불어 동물학대는 범죄라는 인식이 널리 확산되고, 이에 대한 미온적인 대처가 지속적으로 문제시된다면, 동물학대를 가볍게 여기는 인식 또한 점차 변화될 수 있을 것이다. 무엇보다 법령 개정에 앞서 현행 동물보호법이라도 제대로 적용될 수 있도록 수사기관과 법원이 동물학대 사건을 다루는 태도를 전환하는 것이 시급하다고 본다.

# 반려동물의
# 마지막을
# 정리하는 일

　　반려동물과 함께 지내면서 가장 생각하기 싫은 슬픈
일, 그러나 언젠가는 마주할 수밖에 없는 일은 반려동물의 마
지막을 함께하는 일일 것이다. 길게는 이십 년 가까이 살을 맞
대고 수많은 추억을 공유해온 한 가족이 떠나는 것을 받아들이
기란 결코 쉽지 않다.

　　그런데 슬픔에 잠겨 있을 새도 없이, 막상 반려동물이 죽었
을 때 사체는 어떻게 해야 하는지, 최근 생겨나고 있는 동물장
묘라는 것은 무엇인지, 사망신고(?)는 해야 하는 것인지 등 그
후속처리 절차가 복잡하게만 느껴진다. 심지어는 불법 동물장
례업체들이 '화장을 해주겠다'고 돈을 받은 뒤 바로 화장을 하

지 않고 다른 동물의 유골을 화장하거나, 사전 합의와는 달리 다른 사체까지 한데 모아 한꺼번에 화장을 하는 등 보호자들을 속여 피해를 주는 경우도 생겨나고 있다.

## 반려동물이 죽었을 때 사체는 어떻게 처리해야 할까

기르던 동물이 죽었을 때 양지바른 뒷산에 묻어주는 일은 사실 흔했다. 그러나 폐기물관리법은 동물의 사체를 아무 곳에 묻거나 소각하는 것을 금지하며, 위반 시 100만 원 이하의 과태료를 부과하고 있다(같은 법 제8조 제2항, 제68조 제3항 제1호.) 다만 가구 수가 50호 미만인 지역, 산간·오지·섬 지역으로서 차량의 출입 등이 어려운 지역 등은 예외로 하고 있다.

폐기물관리법에 따르면 동물의 사체는 원칙적으로 '생활폐기물'로 분류되어, 해당 지방자치단체의 조례가 정하는 바에 따라 생활쓰레기봉투 등에 넣어 배출해야 한다. 만일 반려동물이 동물병원에서 죽은 경우에는 의료폐기물로 분류되어 동물병원에서 자체적으로 처리되거나 폐기물처리업자 등에게 위탁되어 처리되기도 한다.

**폐기물관리법**

**제2조(정의)** 이 법에서 사용하는 용어의 뜻은 다음과 같다.

1. "폐기물"이란 쓰레기, 연소재, 오니, 폐유, 폐산, 폐알칼리 및 동물

의 사체 등으로서 사람의 생활이나 사업활동에 필요하지 아니하게
된 물질을 말한다.

2. "생활폐기물"이란 사업장폐기물 외의 폐기물을 말한다.

**제14조(생활폐기물의 처리 등)** ① 특별자치시장, 특별자치도지사,
시장·군수·구청장은 관할 구역에서 배출되는 생활폐기물을 처리
하여야 한다. 다만, 환경부령으로 정하는 바에 따라 특별자치시장,
특별자치도지사, 시장·군수·구청장이 지정하는 지역은 제외한다.

② 특별자치시장, 특별자치도지사, 시장·군수·구청장은 해당 지방
자치단체의 조례로 정하는 바에 따라 대통령령으로 정하는 자에게
제1항에 따른 처리를 대행하게 할 수 있다.

⑤ 특별자치시장, 특별자치도지사, 시장·군수·구청장은 제1항에
따라 생활폐기물을 처리할 때에는 배출되는 생활폐기물의 종류, 양
등에 따라 수수체의 조례로 정하는 바에 따라 료를 징수할 수 있다.
이 경우 수수료는 해당 지방자치단체 폐기물 종량제 봉투 또는 폐
기물임을 표시하는 표지 등(이하 "종량제 봉투 등"으로 한다)을 판
매하는 방법으로 징수하되, 음식물류 폐기물의 경우에는 배출량에
따라 산출한 금액을 부과하는 방법으로 징수할 수 있다.


그러나 아무리 사체라고는 해도 내 가족이었던 반려동물을
쓰레기봉투에 담아 버리는 일은 보호자들의 정서에 반할 수밖

에 없다. 그래서 최근에는 반려동물을 화장하여 장례를 치르는 경우가 많아지고 있다. 농림축산식품부의 2018년 '동물보호에 대한 국민의식 조사 보고서'에 따르면, 반려동물이 죽었을 때 반려동물 장묘시설을 이용해 처리한다는 응답이 55.7퍼센트로 가장 높았다. 이처럼 장례절차를 택하는 사람들이 늘어나면서 반려동물 장례서비스나 납골당 등을 제공하는 반려동물 장례업체들이 생겨나기 시작했고, 이런 현실을 법에서도 반영하고 있다. 동물보호법상 동물장묘업을 하려는 자는 지방자치단체에 등록을 해야 하며, 2019년 7월 2일 현재 동물보호관리시스템에 따르면 등록된 동물장묘업체는 전국에 37곳이 있다.

**동물보호법**

**제32조(영업의 종류 및 시설기준 등)** ① 농림축산식품부령으로 정하는 개·고양이·토끼 등 가정에서 반려(伴侶)의 목적으로 기르는 동물과 관련된 다음 각 호의 영업을 하려는 자는 농림축산식품부령으로 정하는 기준에 맞는 시설과 인력을 갖추어야 한다.

1. 동물장묘업(動物葬墓業)


**제33조(영업의 등록)** ① 제32조 제1항 제1호부터 제3호까지 및 제5호부터 제8호까지의 규정에 따른 영업을 하려는 자는 농림축산식품부령으로 정하는 바에 따라 시장·군수·구청장에게 등록하여야 한다.

이처럼 동물장묘업을 운영하려는 자는 일정한 시설과 인력 기준을 갖추어 등록을 해야 하는데, 이런 기준이나 관리 감독을 피하기 위해서 '등록 없이' 동물장묘업을 운영하는 업체들이 생겨나고 있다. 보호자들 또한 비용이 더 저렴해서 혹은 등록된 장묘업체보다 가깝고 편리해서 등의 이유로 미등록 업체들을 이용하기도 하지만, 앞서 언급한 사기 피해 등을 고스란히 입게 될 위험이 있다. 따라서 당연한 얘기일 수 있지만, 보호자들은 미등록 장묘업체 이용을 피하고, 등록 업체를 이용해야 한다.

등록된 업체를 이용해야 하는 이유 가운데 하나는 법적인 등록 기준 및 영업자의 준수 의무가 존재하기 때문이다. 먼저 등록 기준으로는 소음, 매연, 분진 등 악취를 막을 수 있는 방지시설 설치 등 환경을 위한 내용도 있지만, 동물의 사체나 유골을 완전히 연소·건조하여 멸균분쇄할 수 있는 시설 및 사체를 위생적으로 보관할 수 있는 설비 등을 요하는 내용도 존재한다.(동물보호법 시행규칙 제37조, 별표9, 농식품부 고시 '동물장묘업의 시설설치 및 검사기준' 등) 이 기준은 환경문제를 비롯해 반려동물 사체의 완전하고 위생적인 처리를 담보하는 최소한의 조건이 된다.

또한, 동물장묘업자에게는 일정한 법적 의무도 부과된다.

동물장묘업자는 폐쇄회로 녹화영상을 30일간 보관해야 하고, 보호자와 사전에 합의한 방식대로 동물 사체를 처리해야 하며, 사체 처리 후에는 보호자에게 동물장묘업 등록번호, 동물의 종류 및 무게, 처리일자 등을 기록한 서류를 내주어야 한다.(동물보호법 제36조, 같은 법 시행규칙 제43조, 별표10) 이와 같은 기준이나 준수사항을 지키지 않는다면 등록이 취소될 수 있으며, 그 준수 여부에 대해 지방자치단체의 점검 대상이 된다.(동물보호법 제38조, 제38조의2)

그러니 보호자가 등록된 동물장묘업체를 이용할 경우, 법적 준수사항을 요청할 수 있고 부실한 사체 처리나 사기로 인한 피해를 입지 않을 가능성이 높으며, 추후 분쟁이 발생하더라도 미등록 업체에 비해 더 쉽게 대처할 수 있을 것이다. 한편, 미등록 업체에 대한 현행 법상 제재는 500만 원 이하의 벌금에 불과해 미등록 불법 운영을 효과적으로 규제하기에 턱없이 부족하므로, 그 처벌 수위가 더욱 높아질 필요가 있다. 2018년 12월에는 지방자치단체장이 공설 동물장묘시설을 설치, 운영하도록 하는 조항도 신설되었는데(동물보호법 제33조의2,3), 이렇게 지자체 차원의 공설 장묘시설 설치를 적극적으로 실현하는 등 수많은 반려동물 보호자들의 복지를 위한 제도와 정책이 마련되어 갔으면 한다.

동물보호법에 따라 월령 3개월 이상의 반려견은 모두 등록 대상이 되며, 위반 시 100만 원 이하의 과태료가 부과된다.(동물보호법 제2조 제2호, 제12조 제1항, 제47조 제2항 제5호, 같은 법 시행령 제3조) 등록된 반려동물이 죽은 경우에는 죽은 날부터 30일 이내에 동물등록증, 동물등록 변경신고서 및 등록동물이 죽은 사실을 증명하는 서류를 첨부하여 시장, 군수, 구청장에게 (혹은 동물보호관리시스템을 통해) 동물등록 말소 신고를 해야 한다.(같은 법 제12조 제2항 제2호, 같은 법 시행규칙 제9조 제1항 제4호, 제2항, 제5항) 만일 정해진 기간 내 말소 신고를 하지 않는 경우에는 50만 원 이하의 과태료가 부과될 수 있다.(같은 법 제47조 제3항 제1호)

# 2부.

## 반려인이 알아야 할 생활법률

# 아파트에서
# 반려동물을 키우면
# 안 될까요

현재 반려동물을 기르고 있지 않지만, 내가 살고 있는 공동주택에서 반려동물을 기르는 세대를 상당수 찾아볼 수 있다. 길을 가다가도 반려동물 카페, 호텔, 운송 등 각종 산업이 성행하고 있는 것을 보면 과연 반려인구 천만 시대라는 실감이 든다. 이처럼 반려동물은 늘어나고 있는데 이를 바라보는 사람들의 인식은 점점 양분되어가는 듯하다. 일부는 내게 피해를 준다는 생각에 반려동물을 기르는 사람과 갈등을 빚기도 하고, 때로는 이러한 갈등이 층간 분쟁, 범죄 등 매우 극한 상황으로 치닫기도 한다.

먼저 아파트나 공동주택에서 동물을 기를 수 있는 것인지부터 살펴보자. 간혹 아파트 등에서는 무조건 동물을 기르면 안 된다고 잘못 인식되기도 하지만, 현행 법상 동물을 기르는 것 자체에 제한은 없다. 따라서 누구든 어디서든 동물을 기를 수 있으나, 동물을 기르는 과정에서 타인의 권리를 침해하게 될 경우에는 일정한 제한이 가해질 수 있다. 만일 동물이 너무 자주 짖어 큰 소음을 발생시키거나 복도와 같은 공용장소에 동물의 배설물을 방치해서 '공동주거생활에 피해를 미치는 경우'에는 공동주택관리법에서 관리주체의 동의를 받도록 하고 있다.(공동 주택관리법 시행령 제19조 제2항 제4호)

관리주체의 동의와 관련해서는 각 공동주택 관리규약을 살펴보아야 한다. 예를 들어, 2019년 2월 기준 서울시 공동주택 관리규약준칙을 보면, 1) 개(시각장애인 안내견은 제외한다), 고양이, 토끼, 쥐, 닭 등 가축을 애완용으로 기르는 행위, 2) 뱀, 파충류 등을 애완용으로 기르는 행위, 3) 조류를 기르는 행위(앵무새 등 작은 새만 해당한다)의 경우, 통로식은 해당 통로에, 복도식은 해당 복도층에 거주하는 입주자 등의 과반수 서면동의를 받도록 하고, 직접적인 피해를 받는 인접 세대(직상하층 포함)의 동의는 반드시 받도록 규정하고 있다.(제65조)

공동주택 내 반려동물 관련 분쟁이 많아지고 있지만, 아직 이러한 분쟁의 해결 절차는 구분하여 법제화되어 있지 않고 단순히 층간소음 분쟁으로 포함된다. 우선, 층간소음이란 5분간의 등가소음도 주간(06:00~22:00) 45데시벨, 야간 (22:00~06:00) 40데시벨(공기전달 소음 기준)을 넘는 소음을 말하는데(공동주택관리법 제20조 제5항, 공동주택 층간소음의 범위와 기준에 관한 규칙 제3조, 별표), 반려동물이 짖거나 벽, 바닥을 긁는 소리가 이 기준을 넘을 경우 층간소음으로 규정될 수 있다. 층간소음 발생 시에는 1차적으로 층간소음 관리위원회(주로 입주자들로 구성된다)에서 분쟁을 조정하고, 조정이 불가능할 경우 공동주택관리 분쟁조정위원회나 환경분쟁조정위원회에 조정을 신청할 수 있다. 환경분쟁조정위원회에서 운영하는 층간소음 이웃사이센터에 홈페이지나 전화로 상담을 신청해 전문가의 도움을 받을 수도 있다.

분쟁을 조기에 예방하기 위해서는 먼저 반려동물 보호자가 책임을 다하는 것이 중요하다. 동물보호법에 따르면 보호자는 반려동물 중 월령 3개월 이상 개를 동반해서 외출할 경우 목줄 등 안전조치를 해야 하고 맹견의 경우에는 목줄 및 입마개 등 안전장치를 해야 한다.(제13조, 제13조의2) 배설물이 생기면 즉시 수거해야 하고, 월령 3개월 이상의 개는 마이크로 인식칩, 외부 인식표 등을 통해 동물병원 또는 시·군·구청에 반드시 등록해야 한다.(제12조, 제13조) 반려동물을 기르면서 얻는 기쁨도 큰

2020년 3월 21일부터 시행되는 개정 동물보호법 시행령에 따르면 위 '월령 3개월'은 '월령 2개월'로 변경된다.

반면, 보호자는 이와 같이 많은 책임이 따른다는 점도 분명히 인식해야 한다.

한편, 반려동물을 기르는 것 자체에 대해 정당한 이유 없이 비난을 가하는 행위도 자제되어야 한다. 얼마 전 논란이 된 사례와 같이 공동주택의 복도에 '반려견의 배설물을 수거하지 않을 경우 독극물을 살포하겠다'는 등의 공고문을 붙이는 행위는 동물이나 그 보호자에게 위해를 가하거나 이를 고지하는 방법으로서 별도의 범죄를 구성할 수 있으니 결코 바람직하지 않다. 만일 반려동물이 제3자를 물거나 물건을 손상시킨 경우 이로 인한 손해는 동물 보호자가 배상해야 하는 것이 원칙이지만, 만일 보호자가 목줄 등 충분한 안전조치를 취했음에도 제3자가 동물에 접근해 다치거나 하는 경우에는 그 제3자는 보호자에게 손해배상을 받지 못하거나 자신의 과실 비율만큼 과실상계 될 수 있다는 것도 명심해야 한다.

동물을 사랑하는 마음도, 싫어하는 마음도 모두 있을 수 있다. 공동생활을 하면서 어느 정도의 갈등을 낳는 것은 어찌 보면 당연할 수도 있다. 그렇지만 동물을 기르는 사람들은 본인의 책임을 다하고, 동물을 기르지 않는 사람들은 너그러이 보아주면서, 서로 조금만 양보한다면 큰 분쟁으로 갈 일은 아예 없지 않을까.

# 개 키운다고 쫓겨나?
# 똑똑하게
# 임대차 계약서 쓰는 법

2018년 11월 『베일리 어게인』이라는 영화가 개봉했다. 반려견인 베일리의 시점으로 이야기가 진행된다는 점에서 꽤나 흥미로운 영화다. 과거를 잊지 않고 환생한 베일리는 유기견, 사랑받는 반려견, 경찰견, 학대받는 반려견으로 살아가며 반려견 삶의 목적에 대해 고민하게 된다. 그래서 이 영화의 영어 제목이 'A Dog's Purpose'로 정해진 게 아닌가 싶다.

이 영화를 보면 반려견이 겪을 수 있는 다양한 문제 상황들이 나온다. 좀 더 주의 깊게 살펴볼 상황은 네 번째 생에서 겪은 일이다. 세 번째 생을 마친 베일리는 강아지 공장에서 태어나 250달러에 웬디의 집에 팔려 가는데, 이때 웬디는 개와 함께 거주하는 것이 임대차 계약 위반이라며 강제 퇴거 조치를 당한다.

웬디와 베일리가 겪은 사건은 사실 우리 주변에서도 종종 일어나는 일이다. 2018년 8월, 반려견을 키운다는 이유로 계약을 일방적으로 해지당한 임차인이 임대인을 상대로 낸 소송에 대한 판결 결과가 나왔는데, 사건의 개요는 다음과 같다.

A씨는 2017년 2월 경기도의 한 아파트에 대해 보증금 4억에 전세 계약을 맺기로 하고, 집주인 B씨에게 계약금 4000만 원을 지급했다. 이때 당시 임대인은 반려동물은 안 된다는 내용을 언급하지 않았고, A씨도 통상적으로 아파트에서는 반려동물을 키울 수 있기에 자신이 반려동물이 있다는 사실을 언급하지 않았다. 하지만 계약서를 작성한 뒤 임대인이 반려동물이 있는 사실을 알았고, 아파트에 반려동물을 들일 수 없다며 계약을 해제한다는 통지를 했다. 이에 A씨는 임대인이 계약 체결 후 일방적으로 임대차계약을 해제했으므로 계약금 4000만 원의 두 배인 8000만 원을 지급하라고 소송을 낸 것이다.

**민법**

**제565조 해약금** ① 매매의 당사자 일방이 계약 당시에 금전 기타 물건을 계약금, 보증금 등의 명목으로 상대방에게 교부한 때에는 당사자 간에 다른 약정이 없는 한 당사자의 일방이 이행에 착수할 때

까지 교부자는 이를 포기하고, 수령자는 그 배액을 상환하여 매매 계약을 해제할 수 있다.

이 소송의 결과는 어떻게 나왔을까? 법원은 임대인 B씨가 임차인 A씨에게 1200만 원을 지급하라며 원고 일부승소 판결을 내렸다. 그 이유로는 임대차 계약서상 반려견에 대한 기재가 전혀 없었을뿐더러 임대차 계약을 할 때 임대인이 공인중개사나 임차인 A씨에게 반려견을 기르지 않는 것이 계약 조건임을 고지하지 않았기 때문이다.

또한 사회 통념상 아파트나 다세대 주택 등 공동주택이라도 반려견을 기르는 것이 금기시되지 않는 데다, A씨의 반려견이 모두 소형견임을 미루어볼 때 임대인에게 반려견 양육에 관한 고지 의무를 부담하기 어렵다고 판단해 이와 같은 판결을 내린 것이다. 다만 임대인이 금전적인 이득을 취하기 위한 것이 아니고, 임차인도 큰 손해가 없다는 점을 감안해 1200만 원 지급을 결정하게 됐다.

영화 속 이야기는 외국에서 일어난 일이지만, 이 판결로 미루어볼 때 웬디는 집 주인과 임대차 계약을 할 당시에 반려견을 기르지 않을 것을 특약 사항으로 약정한 것이 아닐까 추측할 수 있다. 이미 계약서상에 특약 사항으로 반려견 양육을 금지한다는 내용이 들어가 있었기에 임대차 계약 해지 및 강제 퇴거 통보가 가능했던 것이다.

반려인이 임대차 계약을 진행할 때는 먼저 반려동물을 키우고 있다는 사실을 알리는 것이 좋다. 법원의 판결처럼 임차인이 미리 임대인에게 알릴 의무는 없지만, 고지하는 것이 갈등을 예방할 수 있는 최선의 방법이다. 또한 반려인들이 집을 알아볼 때는 계약서를 꼼꼼히 살펴보아야 한다. 계약서 내에 반려동물과 관련된 사항이 추가되어 있는지, 혹시나 반려동물 양육으로 인해 임차인에게 불리한 조항은 없는지 체크해보는 것을 추천한다. 가능하다면 임차인은 임대인에게 반려동물과 관련해 이의를 제기하지 않는다는 문구도 추가해두는 것도 좋다. 그리고 만일 계약서에 반려동물과 관련된 내용이 전무하다면 구두로 전한 내용을 특약 사항 등으로 계약서에 명시해두는 방법도 있다.

반려인들에게 이사는 정말 하늘의 별따기라고 할 만큼 어려운 일이다. 계약을 맺을 때 제대로 따져보지 않으면 이런 갈등 사례들이 발생할 수 있는데, 어렵겠지만 차근차근 따져보면서 임대차 계약서를 작성한다면 반려동물과 함께 지낼 따뜻한 보금자리를 구할 수 있을 것이다.

# 반려견 간의 사고에서 손해배상책임은 어떻게?

최근 반려문화가 변하고 각종 상업시설의 등장에 따라 사람과 반려견의 동반외출이 대폭 늘어난 듯하다. 그런데 강아지와 기분좋게 나섰던 산책길, 카페, 운동장, 캠핑장 등에서 반려견끼리 서로를 물어 다치게 하는 사고가 종종 있다.

사람들은 그 책임을 어떻게 나누어야 하는지 잘 알지 못해서 문 개의 보호자가 물린 개의 보호자에게 치료비를 무조건 지급해줘야 한다고 오해하기도 하고, 또 어디까지 손해를 배상해야 하는지에 대해서 서로 합의점을 찾지 못해 다툼이 생기기도 한다. 오늘은 그동안 많이 다루어온 반려견과 사람 간의 사고나 반려견 간의 사고에 대해 형사적 책임이 아니라 민사적 책임(손해배상) 문제에 대해 다루어보고자 한다.

먼저, 내 개가 다른 사람의 개를 공격해 다치게 한 경우 적용되는 조항은 동물 관련 법이 아닌 민법에 존재한다. '타인에게 가한 손해'란 타인의 신체는 물론 소유물에 가한 손해를 포함하므로, 타인이 소유한 동물을 죽거나 다치게 한 경우에는 다음 법규가 적용된다.

**민법**

제759조(동물의 점유자의 책임) ① 동물의 점유자는 그 동물이 타인에게 가한 손해를 배상할 책임이 있다. 그러나 동물의 종류와 성질에 따라 그 보관에 상당한 주의를 해태하지 아니한 때에는 그러하지 아니하다.

② 점유자에 갈음하여 동물을 보관한 자도 전항의 책임이 있다.

"내 강아지는 평소에 예민한 성격이고 다른 강아지들을 무서워해서 목줄을 짧게 유지하고 사람이나 개가 없는 한적한 곳에서 쉬고 있었어요. 그런데 갑자기 모르는 강아지가 줄이 풀린 채로 뛰어와서 제 강아지에게 놀자고 달려들었고, 놀란 내 강아지가 상대방 강아지를 물었어요. 이때에도 제가 치료비를 배상해야 하는 건가요?"

결론부터 말하자면, 다른 강아지를 문 강아지의 보호자는 자신의 주의 의무를 다해 민법 제759조 제1항 단서에 따라 손해배상책임이 인정되지 않을 가능성이 높다. 그뿐만 아니라, 만약 이 사건에서 두 강아지가 서로 물어서 다치게 했다면, 목줄을 하지 않은 상대방 보호자에게만 일방적으로 손해배상책임이 인정될 수도 있다(자신의 강아지와 상대방 강아지의 치료비를 모두 부담해야 한다는 의미다).

이처럼 반려견 간의 사고는 반려견에 잘못이 있는지를 따지는 것이 아니라 점유자인 사람에게 그 관리상 과실이 있는지 여부를 기준으로 판단하며, 만약 양쪽 사람 모두에게 과실이 있는 경우에는 과실의 비율에 따라 손해배상책임을 분담하게 된다. 과실 비율은 구체적이고 개별적인 사건에 따라 달리 판단될 수밖에 없으므로 어떤 공식을 정할 수는 없지만, 만약 서로에게 과실이 있다면 합리적인 수준에서 적절한 합의점을 찾는 것이 바람직할 것이다.

점유자에게 가장 쉽게 과실이 인정될 수 있는 예는 목줄을 착용하지 않은 개가 사고를 낸 경우다. 실제로 목줄에 묶여 있지 않은 진돗개가 마찬가지로 목줄에 묶여 있지 않은 치와와를 물어 죽여 치와와의 소유자가 손해배상을 청구한 사건에서 법원은 진돗개의 소유자와 치와와의 소유자에게 각자 50퍼센트의 과실 비율을 인정했고, 이에 진돗개 소유자에게 총 피해액 300만 원의 50퍼센트인 150만 원만 배상하도록 했다.[*] 참고로 이 사건에서는 치와와가 사망했으므로 치와와의 구입가격인 300만 원을 손해액으로 인정했는데, 만약 반려견이 다친 경우에는 반려견의 구입가격과는 관계없이 치료비 상당이 손해액으로 인정될 것이다.

한편, 목줄을 착용하고 있었더라도 소유자가 실수로 줄을 놓쳐 그 개가 풀려나 다른 개를 물게 된 경우 소유자에게 책임이 인정될 가능성이 높다. 사람에 대한 사건이기는 하지만, 소유자가 공원에서 휴식을 취하던 중 목줄을 놓쳐 반려견이 부근에 있던 어린아이를 물어 다치게 한 사건에서 법원은 소유자에게 "반려견이 주변 사람들에게 위해를 가하지 못하도록 목줄을 단단히 잡고 있을 의무를 위반한 과실"을 인정한 바 있다.[**] 이러한 법리는 피해자가 사람이 아닌 타인의 반려견인 경우도 마찬가지로 적용될 것이며, 설사 목줄을 놓치지 않았더라도 안전한 거리를 유지하지 못해 사고가 발생한 경우에도 유사한 이유로 손해배상책임이 인정될 수 있다.

또한 점유자의 책임은 반려견의 평소 성향과 특성에 따라서 사람마다 다르게 인정될 수 있다. 예를 들어, 법령에서 맹견으로 분류하고 있는 품종의 개이거나 평소 공격성을 보여온 개에

---

[*] 대구지방법원 2014. 2. 13 선고 2013가소35765 판결 참조
[**] 서울동부지방법원 2015. 5. 13 선고 2014나22750 판결 참조

대한 주의 의무는 더욱 엄격하게 요구된다. 동물보호법령에서 맹견으로 분류되어 있는 핏불테리어를 외벽이 없는 개방된 마당에서 키우던 소유자에 대해 법원이 다음과 같은 판단을 내린 적이 있다. "개가 주인의 관리를 벗어나 다른 사람에게 공격을 가할 것에 대비하여, 개를 감금장치가 되어 있는 철장 안에서 기르거나, 개의 목줄이 절대 풀리지 않도록 단단히 고정하는 등으로 개가 위 장소를 이탈하여 다른 동물이나 사람을 공격하지 못하도록 하여야 할 주의 의무"가 있다고 설명한 바 있다.[•] 쇠사슬이 풀려 탈출한 핏불테리어가 다른 사람을 물어 소유자에게 형법상 중과실치상죄가 인정된 사건으로, 형법상 과실과 민법상 과실의 개념이 완전히 일치하는 것은 아니나 참고할 만하다.

만약 훈련소, 호텔, 유치원 등 동물위탁업자에게 반려견을 위탁했는데 그 안에서 다른 반려견에 물린 경우에는, 위탁을 받은 훈련소, 호텔, 유치원의 관리자가 과실 여부에 따라 피해 반려견의 소유자에게 손해배상책임을 질 수 있다. 특히 동물보호법 시행규칙에서 1) 위탁관리하고 있는 동물의 안전을 위해 체중 및 성향에 따라 구분·관리하고, 2) 동물을 위탁관리하는 동안에는 관리자가 상주하거나 해당 동물의 상태를 수시로 확인할 수 있어야 할 의무를 정하고 있어, 만약 같이 두기에 위험한

• 수원지방법원 2017.9.20 선고 2017고단2688 판결 참조

개들을 안전장치 없이 한 장소에 두었거나 적절하게 감독하지 않은 경우라면 관리자에게 손해배상책임이 인정될 것이다.

다만 애견동반 식당, 캠핑장, 운동장 등 반려견을 위탁하는 것이 아니라 단지 반려견과의 동행이 허용되는 곳일 뿐이라면, 특별한 사정이 없는 이상 영업주의 과실이 인정될 가능성이 낮고 원래의 보호자가 개의 관리에 주의 의무를 다해야 할 것이다.

반려견 운동장이라 해도 목줄 없이 반려견을 풀어놓기 위해서는 1) 평소 다른 개에 대한 두려움이나 공격성이 없는 개들만 대상이어야 하고, 2) 그곳의 관리자나 보호자들이 시종일관 주의감독 하면서 반려견 간의 사고를 예방해야 한다. 안타깝게도 아직 우리나라에는 이런 수준의 안전성을 갖추지 못한 곳이 많은 것 같고, 막상 사고가 일어난 경우 분쟁을 해결하기도 쉽지 않다. 따라서 안전한 반려견 놀이문화가 정착되기 전까지는 내 반려견의 특성을 잘 알고 서로들 조심하는 습관을 들였으면 한다.

내 개가 평소 공격성이 없다고 하여 목줄을 하지 않고 풀어두거나, 성향을 모르는 다른 개에게 다가가도록 내버려두는 것은 매우 잘못된 행동이다. 그러고 나서 나중에 "당신 개가 문 것이니 치료비를 배상해 달라"고 하는 사람은 법적으로 배상을 받을 자격이 없음을 떠나, 자신의 개를 다치게 한 책임이 상대방의 개가 아닌 자신에게 있다는 사실을 알아야 한다. 낯선 사람 간에는 서로 잘 알기 전까지 높은 수준의 예의를 지켜야 하듯이, 반려동물 간에게도 적절한 예의가 필요하고 이에 대한 책임은 사람에게 있음을 명심했으면 한다.

# 만약
## 당신의 반려견이
## 애견호텔 사고를
## 당했다면

2017년 8월 말 견주가 제주도로 여행을 가기 위해 애견호텔에 맡긴 비숑프리제가 같은 호텔에 있던 시베리아허스키에게 물려 사망하는 사건이 발생했다. 피해 견주는 업체 측이 사과도 없이 개 값을 물어주면 되는 사고라 표현했다고 주장하면서 억울함을 토로하고 있다. 그런데 과연 그럴까?

애견호텔은 견주에게 일정한 대가를 지급받고 그의 애견을 위탁보관해주는 업종이다. 즉, 애견호텔을 운영하는 자는 관리를 위탁받은 반려견이 다른 동물에 공격당하지 않도록 필요한 조치를 취하고, 상태를 지속적으로 관찰할 의무가 있고, 다치거나 질병에 걸리면 치료를 하거나 견주에게 알려 적절한 치료 등의 조치를 취하게 할 의무가 있다.

그런데 폐쇄회로TV로 촬영된 당시 상황을 보면, 대형견인 시베리안허스키와 소형견 세 마리는 한 공간에 머무르고 있었고, 허스키가 공격할 위험에서 소형견을 보호할 수 있는 칸막이 등 안전조치는 이루어져 있지 않았다. 게다가 업주가 이들 곁에서 지속적으로 주의를 기울이며 지켜보지 않고 방치한 사이 사건이 발생한 것이다.

피해견이 죽어가는 동안 업주는 망설이느라 제대로 된 상황을 피해 견주에게 알리지 않은 것으로 보인다. 그렇다면 애견호텔의 업주에게는 계약상 주의 의무를 위반한 과실이 있고, 그로 인해 발생한 손해를 배상할 책임이 발생한다.

문제는 그 손해배상의 범위인데, 통상적으로 물건이 파손되는 등으로 재산적 손해를 입은 경우 그 원상복구에 소요되는 비용이 그 물건의 교환가격을 현저하게 넘는다면 경제적 수리 불능이라고 보아 당시 그 물건의 교환가격만을 손해배상으로 청구할 수 있다.

그러나 반려동물의 경우 그 특성상 단순한 재물과는 달리 소유자에게는 가족과 같은 친밀관계를 지니는 것으로서, 일단 애착관계가 형성되면 다른 반려동물과 대체할 수 없는 특정물로서

---

● **서울서부지방법원 2007. 1. 16. 선고 2006가단29207 판결 등**

의 성질을 지니는 점을 고려하여 법원은 단순한 재물과 달리 반려동물의 구입비 이상에 해당하는 치료비 등을 손해배상으로 인정하고 있다.**

또한 반려동물이 피해를 입은 사안과 관련해 상당수의 판례들이 '애완동물이 비록 민법상 물건에 해당 하지만 살아 있는 생명체로서 살아 있는 생명체가 아닌 여타의 물건과는 구분되는 성질을 가지고 있는 점, 피해 견주들과 상당한 정도의 정신적 유대와 애정의 대상인 점 등을 고려해 견주에 대한 위자료 지급 의무를 인정'하고 있다.***

결국 이 사건에 있어서도 애견호텔 측은 피해견의 죽음으로 인한 재산상 손해뿐 아니라 피해 견주의 정신적 손해에 대한 위자료 지급을 피하기 어려울 것이다.

그런데 피해 견주의 주장에 대해 업체 측은 자신과 허스키 주인이 사과하고 위로금을 제시했음에도 견주가 가해를 한 허스키를 죽이겠다고 하면서 망치를 들고 찾아와 수차례 협박과 업무방해 행위를 했다고 반박하고 있다. 구체적 정황에 대하여 주장이 서로 다르기 때문에 어느 한쪽으로 결론을 낼 수는 없지만, CCTV 영상에 의해 확인되는 바와 같이 피해 견주가 망치를 들고 애견호텔을 방문한 사실은 일단 인정된다.

•• 　　서울동부지방법원 2011. 9. 21. 선고 2009나558 판결
••• 　　서울중앙지방법원 2014. 11. 29. 선고 2011가단402948판결 등

가족과 다르지 않게 생활을 함께하던 반려동물이 예상치 못한 사고로 목숨을 잃었을 때, 그것도 제3자의 과실로 끔찍한 사고를 당한 경우라면 그 충격은 이루 말하기 어려울 것이다. 그러나 피해 견주는 그 충격과 분노로 자신이 한 행동에 대해 특수협박 등의 형사책임을 져야 할 상황에 이르렀다.

　애초에 애견호텔에서 반려동물들을 안전하게 보호하기 위해 통상 기대되는 시설을 갖추고 충분한 주의를 기울였다면 발생하지 않았을 사고다. 다시는 이런 비극이 발생하지 않도록 관련 업종에 관한 구체적 기준을 마련할 필요가 있다. 나아가 애견호텔업이 단순히 동물을 보관하는 영업에 그치지는 것이 아니라 누군가의 '가족'을 보호하는 일임을 인식해야 하겠다.

박주연 변호사

# 비싸고 제각각인 동물 의료비, 해결책은 없을까

## 반려동물 보호자들의 큰 부담, '의료비'

인연이 닿아 어느 동물보호소에서 유기견 한 마리를 입양하게 되었다. 곰을 닮아 '고미'라고 이름 짓고 행복한 며칠을 보내던 중, 식탐 많던 고미가 갑자기 밥을 먹지 않았다. 고미는 병원에서 홍역과 폐렴 진단을 받았고, 상태가 급속히 악화되어 입원치료를 하게 되었다. 완치되지 않을 수도 있고 앞으로 얼마 정도의 비용이 들 것이라는 수의사의 말에 선뜻 "얼마가 들어도 좋디!"고 말하지는 못했다. 그래도 치료를 하지 않으면 가망이 없기에 결정을 하고, 여러 주 입원치료를 하게 되었다. 정말 다행히도 고미는 퇴원해서 현재 건강하게 지내고 있지만, 막상

겪어보니 의료비는 정말 부담스러웠다.

대부분의 보호자들이 동물을 기르면서 겪는 큰 문제 중 하나가 바로 동물 의료비일 것이다. 사람의 의료와는 달리, 동물 의료는 공적 보험 혜택을 받을 수도 없고 10퍼센트의 부가가치세까지 덧붙어, 상대적으로 의료비가 비싸다고 생각될 수밖에 없다. 저소득층 보호자에게는 더욱 큰 부담으로 다가올 것이다. 이뿐만 아니라 동물 의료비는 동물병원마다 천차만별이다. 소비자교육중앙회가 2016년 서울 외 6대 광역시 동물병원들을 조사한 결과, 초진료가 3,000원에서 20,000원 사이, 광견병 접종 비용은 5,000원에서 40,000원 사이로 최대 약 8배까지 차이가 있었다. 보호자들에게 혼란까지 가중하게 되는 것이다.

이렇다 보니 일부 보호자는 자신의 반려동물을 자가 진료하기도 하고, 동물이 병들고 아프면 버리기도 한다. 그러나 약을 먹이거나 연고를 바르는 정도의 처치를 넘어서는 무면허 진료 행위는 수의사법상 2년 이하의 징역 또는 2000만 원 이하의 벌금에 처해질 수 있고(제10조, 제39조), 동물을 유기한 보호자는 동물보호법에 따라 300만 원 이하의 과태료에 처해질 수 있다.(제47조 제1항 제1호) 무수한 동물이 의료 방임에 놓이고, 매년 10만 마리의 유기견이 발생하는 원인 중 하나로 '의료비 부담'은 지속적으로 거론되고 있다.

　　이에 따라 2018년 4월경 진료비 부담을 완화하겠다는 목표로 동물병원 표준수가제 도입을 위한 수의사법 일부 개정 법률안이 발의되었으나, 아직 국회에 계류 중이다. 표준수가제란 의료비를 세분하여 질병 등에 따른 기준 수가를 마련하는 제도다. 이러한 표준수가제가 진료비 기준을 법으로 정함으로써 소비자의 예측 가능성을 높이고 부담을 줄일 것이라는 찬성 의견도 있는 반면, 오히려 의료의 질을 떨어뜨리고 정해진 가격보다 '낮은' 비용을 낼 수 있는 소비자의 기회를 빼앗는다는 반론도 제기된다.

　　다른 나라들의 경우를 살펴보자. 먼저 독일은 표준수가제를 따르고 있고 진료비 '하한선'을 법으로 정해 그로부터 세 배에 해당하는 금액 범위에서 자유롭게 진료비를 받도록 하고 있다. 법정 수가보다 현저히 저렴한 병원의 경우 보호자들이 진료의 질을 불신하여 잘 가지 않기 때문에, 진료비 하한선을 정해놓은 것이 큰 문제가 되지는 않는다고 한다. 미국과 영국은 동물 진료수가를 법으로 정하지는 않지만, 심장사상충 검사, 백신 등 기본적인 사항에 대한 표준 진료비 정보를 소비자에게 공개하고 있다. 특히 영국의 경우, 동물병원은 소비자의 요청에 따라 진료비 부과 체계에 대한 자료도 제공해야 한다.(EU Directive 2006/123/EC)

현재 논란이 되고 있는 표준수가제 도입 여부가 궁극적으로 의료비 부담을 완화하고 동물이 제대로 된 진료를 받을 수 있게 하는 해결방안이 될지는 알 수 없다. 다만, 최소한 보호자들이 사전에 의료비를 알고 비교할 수 있도록 미리 의료비를 공시하도록 하거나, 별도의 기관이 진료비 책정 기준을 조사하고 평균 진료비 또는 적정가격의 범위를 공시하는 제도는 필요할 것으로 생각된다.

## 의료비 부담을 낮추는 제도가 필요하다

최근 사기업에서 반려견 의료비 등을 보장하는 펫보험 등을 출시하고 있지만, 국내 사적 동물의료보험의 경우 보험 상품이 다양하지 않고 보장 항목도 적으며 보험료도 낮지 않아서 보험을 가입해야 할 동기가 부족한 것으로 파악된다(반려동물 보험 가입률은 2018년 기준 약 10퍼센트 수준이라는 통계가 있다).

국가 차원의 동물의료보험이나 그와 유사한 제도가 마련되고 잘 운용된다면 의료비 부담이 낮아질 수 있을 것이다. 사람의 의료보험과 유사한 개념인 '동물의료 공보험'을 도입하여, 반려인들이 동물등록세 또는 보험료를 납부하고, 해당 금원으로 운영되는 동물의료보험공단이 의료비 중 일부 분담금을 병원에 지급하는 것이 한 방법이다. 다만, 이런 제도는 재정을 확보하기 위해 가입을 강제할 수밖에 없다는 점에서 반려인들의 합의가 선행되어야 할 것이다. 이 외에도 반려동물 보호자들 중 자발적으로 의료보험 제도에 참여코자 하는 사람들이 보험료를 내고 해당 재원을 통해 의료비를 일정 부분 감면받도록 하는 제도(참여형 동물의료보험)가 고려될 수 있다.

한편, 유기·유실 동물의 의료 접근성에 대해서도 생각해봐야 한다. 우리나라의 경우 반려동물과 유기·유실 동물의 수가 급증하고 있는 반면 아직까지도 접근이 쉽고 큰 부담 없는 동물의료체계가 갖추어져 있지 않은 상황이다. 유기·유실 동물의 경우 시장, 구청장 등 지방자치단체장이 이들을 구조해서 치료, 보호조치를 할 의무가 있지만(동물보호법 제14조 제1항), 매일 수백 마리씩 버려지는 이들을 다 구조, 보호하기도 어려운 상황에 '비용을 들여' 수의사에 의한 치료까지 해주지는 않는 경우가 대부분이다. 이들을 발견한 누군가가 선뜻 나서서 사비를 들여 치료를 해준다면 비로소 제대로 된 치료를 받을 기회가 있겠지만, 부담스러운 의료비를 생각하면 일반 개인에게 그런 선행을 기대하기는 어렵다.

동물보호법에 따라 국가는 유기·유실 동물을 치료하고 보호할 의무가 있으므로(제7조, 제14조), 국가나 지방자치단체의 예산 등을 통해 유기·유실 동물을 포함한 동물들의 치료 지원, 질병 예방 및 반려인들에게 교육을 제공하는 기관(일종의 동물보건소)을 설치하거나 직영 동물보호센터를 늘려가면서 센터 내에서 진료를 지원하는 등 여러 방법을 고려해야 한다. 장기적으로는 반려동물 소유자에게 세금을 부과하고 그 재원을 통해 동물 보건소 등의 설치 및 의료서비스 확대, 진료비 지원 등 인프라와 의료복지정책을 구축하는 것이 필요할 것이다.

# 반려동물의 의료사고, 얼마만큼 배상받을 수 있을까

"우리 ○○이가 아파서 동물병원에 갔는데 상태가 더 심각해졌어요."

"동물병원에서 진료를 잘못해서 ○○이가 실명을 했어요."

"병원에서 수술을 잘못해서 ○○가 무지개다리를 건넜어요."

요즘 들어 부쩍 많아지고 있는 상담 요청 내용이다. 불과 5년 전까지만 하더라도 반려동물과 관련한 법률 상담은 1년에 두어 건에 불과했는데 최근 들어 그 횟수가 대폭 늘었다. 반려동물 인구수가 급증한 이유도 있겠지만, '동물이 죽었다고 어떻게 소송을 해?'라는 인식이 컸던 과거와는 달리, 인생을 함께

113

하던 나의 '가족'이 의료사고를 당했다고 받아들이는 분위기도 영향을 끼친 듯하다. 그래서 갈등이 원만히 해결되지 않는다면 시간과 비용을 감수하고 소송이라는 최후의 방법을 동원하려는 경우도 늘어나고 있다.

단, 의료사고 소송은 반려동물 사망 원인을 보호자가 밝혀야 하기 때문에 쉬운 일은 아니다. 소송 결과는 결국 과실 입증 여부에 달려 있는데, 정작 변호사에게 도움을 받더라도 이들 역시 수의학에 대한 전문 지식이 없기 때문이다. 그럼에도 의료사고로 인해 억울하게 반려동물을 잃은 이들이 소송까지 나서는 경우가 이전에 비해 훨씬 늘어난 상황이다. 그럴 일이 없길 바라지만 행여나 의료사고에 대응하기 위해서는 평소 반려동물이 중요한 진료를 받을 때마다 진료 상황을 파악하고, 문제의 소지가 있을 때는 진료기록부 등을 미리 확보해두는 것이 조금이나마 도움이 될 수 있다.

만일 반려인이 이러한 노력을 통해 반려동물 의료사고 소송에 나섰다면 과연 얼마만큼의 배상을 받을 수 있을까? 법률상 동물은 '물건'으로 취급된다. 민법에서 권리능력에 관해 정하고 있는 주체는 인(사람)과 법인뿐이다. 따라서 권리능력을 갖는다고 별도의 규정이 없는 '동물'은 '유체물', 즉 공간의 일부를 차지하고 있는 유형적 존재를 가지는 물건에 해당하는 것이다.

**민법**

**제3조(권리능력의 존속기간)** 사람은 생존한 동안 권리와 의무의 주체가 된다.

**제34조(법인의 권리능력)** 법인은 법률의 규정에 좇아 정관으로 정한 목적의 범위내에서 권리와 의무의 주체가 된다.

**제98조(물건의 정의)** 본법에서 물건이라 함은 유체물 및 전기 기타 관리할 수 있는 자연력을 말한다.

결국 누군가의 고의나 과실로 동물이 다치거나 죽은 경우에 손해배상의 범위는 물건이 파손되거나 멸실된 경우와 동일하게 판단하게 된다.

민법에서는 물건이 훼손되었을 때, 그리고 멸실되었을 때 각각 제393조, 제763조에 따라 '통상의 손해'를 손해배상의 한도로 보고 있다. 법원은 '통상의 손해'의 범위를 다음과 같이 판단했다.

**통상의 손해**

물건이 멸실되었을 때 : 멸실 당시의 시가

훼손된 물건이 수리, 원상회복이 가능할 때 : 수리비 또는 원상회복

에 드는 비용

기술적으로 수리, 원상회복이 불가능 혹은 비용이 과다할 때 : 훼손

으로 인하여 교환가치가 감소된 부분

이를 동물의 경우에 대입하면, 반려동물이 의료진의 과실로 다치거나 죽더라도 그 반려동물을 금전적 가치로 환산한 '가격' 만을 최대한도로 배상받을 수 있다는 말이 된다. 심지어 '일반적 으로 타인의 불법 행위 등에 의하여 재산권이 침해된 경우에는 그 재산적 손해의 배상에 의하여 정신적 고통도 회복된다'고 보 기 때문에°° 이를 그대로 적용하면 동물의 '가격'을 배상받으면 내 정신적 고통도 회복된다고 본다.

심정적으로 받아들이기 힘든 법리다. 반려동물이 죽으면 내 가족이 죽은 것과 같으며, 어떤 경우는 그보다 더 극심한 정신

---

° 물건이 멸실되었을 때에는 멸실 당시의 시가를, 물건이 훼손되었을 때에는 수 리 또는 원상회복이 가능한 경우에는 수리비 또는 원상회복에 드는 비용을, 수 리 또는 원상회복이 불가능하거나 그 비용이 과다한 경우에는 훼손으로 인하 여 교환가치가 감소된 부분을 통상의 손해로 한다.(대법원 1996. 1. 23. 선고 95다38233 판결)

°° 대법원 2004. 3. 18. 선고2001다82507 전원합의체 판결

적 고통에 시달리기 마련인데 이런 고통에 대한 손해배상이 '반려동물의 가격'으로 결정된다니…….

다행히 법원은 최근 들어 반려동물에 대한 불법 행위로 인한 손해배상의 범위 판단에 조금 변화를 주고 있다. 그 '가격'을 초과하는 '특별한 사정으로 인한 손해'를 인정하고, 정신적 손해배상도 별도로 인정하는 추세다. 즉 반려인이 갖는 정신적·감정적 가치를 더 고려하면서 반려동물을 '대체 불가능한 물건'으로 판단해 교환 가격을 넘는 손해배상액을 인정하게 된 것이다.

위자료(정신적 손해배상)에 있어서도 상당수의 판례들이 '동물은 민법상으로는 물건에 해당하지만, 살아 있는 생명체로서 살아 있는 생명체가 아닌 여타의 물건과는 구분이 되는 성질을 가지고 있는 점'을 언급하면서 위자료 지급 의무를 인정하고 있다. 따라서 동물이 의료사고를 당했을 때, 보호자로서는 동물 병원에서 치료한 비용이 반려동물 '가격'보다 높아도 전액 청구할 수 있고, 반려동물이 죽었을 때 정신적 고통에 대한 손해배상을 별도로 청구하는 것도 가능하다.

이런 해석은 의료사고뿐만 아니라 다른 불법 행위로 인해 동물이 다치거나 죽은 경우도 마찬가지로 적용된다. 법원이 해석으로나마 동물과 동물이 아닌 물건을 다르게 취급하는 경향은 일반인들의 법 감정을 고려할 때 매우 바람직하다.

그렇지만 여전히 동물을 '물건'으로 보는 현재 법은 개정할 필요가 있다. 변화하는 판례 속에서도 동물은 여타 물건과 구분되는, 대체 불가능한 '물건'으로 취급되고 있기 때문이다. 이러한 법은 여러 가지 반려동물 관련 법률 분쟁의 해결을 어렵게 하는 걸림돌이다.

1978년 10월 공포된 세계 동물권리선언 제1조는 "모든 동물을 태어나면서부터 평등한 생명권과 존재할 권리를 가진다"라고 명시하고 있다. 이를 반영이라도 하듯 독일, 오스트리아, 스위스는 동물이 물건이 아님을 법에 명시하고 있다. 현재 우리나라에도 변화의 움직임은 보이고 있다. 현재 민법 제98조 '물건의 정의'에 '동물은 물건이 아님'을 명시하는 개정안이 발의되어 있다.˙ 하루빨리 이 개정안이 통과되어 '물건이 아닌' 동물을 위한 법리들이 발전할 수 있는 계기가 되길 바란다.

끝으로, 상담을 위해 찾아오시는 분들의 이야기를 들어보면, 결국 그들이 원하는 것은 (많은 액수의) 금전적 손해배상이 아니다. 가족의 아픔과 죽음으로 느끼는 슬픔에 대한 공감과 진정 어린 사과를 원하는 경우가 더 많다. 소송까지 불사하며 잘잘못을 따지기 전에 한 발씩만 물러서서 진심 어린 위로를 먼저 건네면 어떨까?

●   의안번호 2006313, 2017. 3. 21.발의

# 동물병원, 애견카페 등 이용 후기, 명예훼손일까

박주연 변호사

어느 날 동물병원, 애견카페, 애견숍 등을 이용한 뒤에 불편했던 부분과 문제점들을 작성해서 인터넷에 올렸다. 그런데 얼마 후 경찰서에서 명예훼손 혐의로 조사를 받으러 오라고 한다. 해당 업체가 고소를 했다는 것이다. 업체는 손해배상을 요구하며 민사소송도 제기해왔다. 설마 이런 일이 있을까 싶지만 실제로는 빈번히 발생하고 있다. 반려동물 보호자들이 되도록 이러한 일을 겪지 않게 명예훼손의 요건과 인터넷에 후기 등을 남길 때 유의할 점에 대해서 정리해보려고 한다.

먼저 명예훼손은 공연히 사실 또는 허위의 사실을 적시해 사람의 명예를 훼손하는 경우 성립하는 범죄다(형법 제307조에 따른 것이며, 비방할 목적으로 인터넷을 통해 명예훼손을 하는 경우는 정보통신망 이용촉진 및 정보보호 등에 관한 법률 제70조에 따른다). 여기서 알 수 있듯이, 사람의 사회적 평가를 훼손할 만한 구체적이고 객관적인 '사실'을 적시해야 명예훼손에 해당하기 때문에, 단순히 '의견을 표명'하는 것은 여기에 해당하지 않는다. 즉 "여기 별로예요"라는 주관적인 의견이라든지 학대 정황과 같은 추상적·평가적 표현만을 한 것이라면 명예훼손이 성립한다고 보기 어렵다.

다음으로, 명예훼손이 성립하려면 피해자가 '특정'되어야 한다. 예를 들어, PN병원, 역삼동 ○○숍과 같은 표현을 사용했고, 해당 업체로 좁혀지지 않는다면 피해자가 특정되었다고 볼 수 없다. 다만, 판례는 '업체 이름을 명시하지 않거나 또는 두문자나 이니셜만 사용한 경우라도 그 표현의 내용을 주위 사정과 종합해볼 때 그 표시가 피해자를 지목하는 것을 알아차릴 수 있을 정도에 해당하면 피해자가 특정되었다'고 보고 있다.

소비자가 어떠한 후기를 남기고자 할 때, 이 부분이 딜레마가 될 수 있다. 사실을 알리고 정보를 공유하는 목적은 바로 특정 업체를 알리려는 이유도 크기 때문이다. 안타깝게도 현행 법은 진실한 사실을 적시하더라도 명예훼손죄로 처벌될 수 있도록 하고 있다. 이때, 소비자가 주장할 수 있는 것은 '공공의 이익'이

---

대법원 2002. 5. 10. 선고 2000다50213 판결

다. 자신이 알린 사실이 진실한 사실로서 오로지 공공의 이익에 관한 때에는 명예훼손을 하더라도 위법하지 않다.(형법 제310조) 이는 곧 형사처벌 대상이 아니며 민사상 손해배상 책임도 없다는 뜻이다.

예를 들어 자신이 경험한 과잉진료 사실 또는 저품질의 서비스로 인한 피해 사실 등을 알리고 다른 반려동물과 보호자의 피해를 예방하고자 하는 목적은 공익적 목적이라고 볼 수 있다. 이런 공익적 목적은 해당 업체를 '비방할 목적'과는 구분된다. 공익적 목적인지 비방할 목적인지 여부는 적시한 사실의 내용이 어떠한지, 어떠한 표현이 사용되었는지, 얼마나 많은 사람들에게 알려졌는지 등 여러 사정을 종합한 후 판단된다.

만일 사람들에게 알린 내용이 1) 자신이 직접 겪은 불편사항이고, 2) 주요 내용이 객관적 사실에 부합하며, 3) 해당 글이 카페 회원이나 해당 정보를 검색하는 사용자들에게 한정되는 경우라면 해당 정보는 그 업체에 대한 정보를 구하고자 하는 소비자들의 의사결정에 도움이 되는 정보 및 의견 제공이라는 공공의 이익에 관한 것으로 볼 여지가 많다. 그리고 주요한 동기나 목적이 공공의 이익을 위한 것이라면 부수적으로 이용대금 환불 등 사익적 목적이 있다 하더라도 비방할 목적이 있었다고 보기는 어렵다.**

소비자에게는 필요한 정보를 제공받을 권리와 사업자의 사업 활동에 소비자의 의견을 반영시킬 권리가 있다.(헌법 제124조, 소비자기본법 제4조) 특히 인터넷을 통한 각종 의견 표명이 활발하게 이루어지는 요즘 시대에 인터넷을 통한 적절한 정보와 의견 교환은 필요하다. 동물을 기르는 사람들은 많아도 정작 필요한 정보는 쉽게 공유할 방법이 많지 않은 현실 속에서, 소비자들의 의견 표현은 그것이 악용되지 않는 한 최대한 보장되어야 한다고 본다.

대법원 2012. 11. 29. 선고 2012도10392 판결 참조

# 사물이 아닌 생명으로, '동물들의 제헌절' 하루 빨리 오길

이혜윤 변호사

2018년 3월 26일 대통령이 직접 발의한 대통령 개헌안 제38조 제3항에는 '국가는 동물보호를 위한 정책을 시행해야 한다'는 조항이 명시되어 있다. 국가의 동물보호 의무가 헌법에 마련되는, 대한민국 '동물들의 제헌절'이 수립될 뻔(!)한 역사적인 순간이었다.

동물보호단체들은 대통령 개헌안을 두고 비록 동물권이 개헌안에 명시된 것은 아니지만, 국가의 동물보호 의무를 천명한 것으로도 큰 의미가 있다고 보고 개헌안을 지지했다. 그후 국가의 동물보호 의무가 담긴 대통령 개헌안은 야당의 의결 불참으로 인해 의결정족수 미달로 폐기되어 아쉬움을 남겼다. 하지만 적어도 우리 사회에 동물보호 의무, 나아가 '동물권'에 대한 정치적 논의가 진일보했다는 점에서 큰 평가를 하고 싶다.

## 동물권의 개념

동물권이란, 모든 동물에게 생명체(삶의 주체)로서 그 자체로 존중받을 권리가 있다고 보는 것이다. 다시 말해 동물들도 고유한 가치를 갖고 살아가는 권리의 주체이며, 그들에게 이런 권리 주체성이 인정되는 한 그들의 권리 또한 당연히 존중받아야 한다는 사상이다.

실제로 1970년 중후반부터 미국이나 유럽에서는 동물권 논의가 시작되었고, 미국의 동물권 변호사로 유명한 스티븐 와이즈 변호사는 유전적으로나 의식 수준으로나 인간과 매우 유사한 침팬지와 보노보 등은 아예 법적 인격성Legal Personhood을 가질 수 있고, 법정에서 대리될 수도 있다고 주장하면서, 침팬지와 코끼리를 대리해 소송을 진행하고 있다.

또한 1978년 유네스코는 세계동물권리선언을 통해 "모든 동물은 동일하게 생존의 권리, 존중될 권리를 가지며, 어떠한 동물도 학대 또는 잔혹 행위의 대상이 되어서는 아니 된다"라고 선언했고, 국가 차원에서 동물의 권리를 '법적'으로 명시한 나라는 없지만, 독일은 1990년 민법에서 "동물은 물건이 아니다. 동

124

물은 별도의 법률에 의해 보호된다"라고 규정했고, 2002년에는 연방헌법에 "국가는 자연적 생활기반과 동물을 보호한다"라고 명시함으로써 헌법적 차원에서 동물을 '생명체를 가진 존재'로서 존중하고 있다. 스위스는 1992년에 헌법을 개정하면서 법적으로 동물을 사물(물건)이 아닌 '생명'으로 인정하고, 2002년에는 독일과 유사한 내용으로 민법도 개정했다.

## 우리나라의 동물권 논의

그렇다면 우리나라에서는 동물권에 관한 논의가 어떻게 진행되고 있을까? 우리나라의 경우 헌법에는 동물에 관련한 언급이 별도로 없고, 민법에서는 동물을 생명 없는 물건(유체물)과 동일하게 취급하고 있으며(제98조), 동물보호법에서는 동물을 생명체로 인정하고 있기는 하나 보호나 관리의 대상으로 보는 시각을 전제로 하고 있다.

또한 2006년 선고된 '도롱뇽 판례'로 유명한 공사착공금지가처분 사건에서 대법원은 '도롱뇽은 천성산 일원에 서식하고 있는 도롱뇽목 도롱뇽과에 속하는 양서류로서 자연물인 도롱뇽 또는 그를 포함한 자연 그 자체로서는 이 사건을 수행할 당사자능력을 인정할 수 없다'고 판단함으로써 동물은 자연 그 자체이지 생명으로서 권리 주체성은 없다고 판단한 바 있다.

대법원 판결의 원심판결* 판단 이유에서 당사자능력當事者能力

에 대한 부분을 발췌해서 살펴보자.

### 신청인 도롱뇽의 당사자 능력에 대한 판단

그러므로 먼저 신청인 도롱뇽에게 당사자 능력이 있는지 여부에 관하여 본다. 신청인 단체의 주장에 따르면, 신청인 '도롱뇽'은 천성산에 서식하는 도롱뇽 또는 위 도롱뇽을 포함한 자연 그 자체로서, 이 사건 터널 공사로 인한 도롱뇽의 생존환경 및 천성산의 자연환경 파괴를 막기 위하여 "자연 내지 자연물의 고유의 가치의 대변자"인 환경단체인 신청인 단체를 그 사법적 활동의 담당자로 삼아 이 사건 신청에 이르게 되었다는 것이다.

살펴건대, 당사자능력이란 일반적으로 소송당사자가 될 수 있는 소송법상의 능력(자격)을 말하는 것으로서 자기의 이름으로 재판을 청구하거나 또는 소송상의 효과를 받을 수 있는 자격을 말한다. 이러한 당사자능력은 소송법상의 추상적이고 일반적인 관념이며 소송사건의 성질이나 내용과는 관계없이 일반적으로 정해지는 능력으로서 어떠한 실체에 당사자능력을 인정할 것이냐의 문제는 민사소송법 입장에서 독자적으로 결정된다.

• 부산고등법원 2004. 11. 29., 자, 2004라41 결정

민사소송법 제51조는 당사자능력에 관하여 민사소송법에 특별한 규정이 없으면 민법과 그 밖의 법률에 따르도록 정하고 있고, 같은 법 제52조는 대표자나 관리인이 있는 경우 법인 아닌 사단이나 재단에 대하여도 소송상의 당사자 능력을 인정하는 특별규정을 두고 있다.

그러나 자연물인 도롱뇽 또는 그를 포함한 자연 그 자체에 대하여 당사자 능력을 인정하고 있는 현행 법률이 없고, 이를 인정하는 관습법도 존재하지 아니하므로 신청인 도롱뇽이 당사자 능력이 있다는 신청인 단체의 주장은 이유 없다. 따라서 신청인 '도롱뇽'의 이 사건 가처분 신청은 부적법하다.

그 후 한동안 동물의 권리주체성과 관련된 논의는 답보 상태였고, 2018년 3월, PNR은 '설악산 오색케이블카 공사 허가를 취소하라'는 내용과 관련해, 설악산에 서식하는 멸종위기 1급 동물인 산양을 원고 당사자로, 또 산양들의 후견인인 자연인을 내세운 뒤 산양과 후견인을 각 대리하여 소송을 제기했다.

이 재판에서 법원은 동물권에 관한 의미 있는 판단을 할 수 있을까? 아니면 2006년 대법원 판결과 문구 하나 다르지 않게, 산양은 자연 그 자체이므로 권리 주체성이 없다고 판단할까? 대통령 개헌안이 국회를 통과하여 국가의 동물보호 책무 조항이 삽입되는 개헌 논의가 진행 중이었다면, 판결의 결과도 달라지지 않았을까 하는 아쉬움이 남기도 한다.

참고로 아직 변론기일이 진행되지는 않았지만, 재판부는 위 사건의 원고들에게 사건이 패소할 경우 상대방(문화재청장)에게 지급할 소송비용 약 900만 원을 미리 담보로 제공하라는 담보 제공명령을 했다. 판결 결과는 별론으로 하더라도, 이 사건에서 법원의 동물의 권리에 관한 논의와 의미 있는 언급이 있기를 바라는 바이다.

하루가 다르게 동물권, 동물보호에 관한 다양한 논의가 진행되고 있다. 동물에게 인간과 동일한 수준의 권리를 보장한다는 의미의 동물권이 인정받기 어렵더라도, 헌법에서 동물보호에 관한 국가의 책무를 마련하고 개별법령에서 특정한 경우에 사람이 동물을 대리하거나 후견할 수 있는 제도나 방안을 마련하여, 부당한 대우를 받는 동물들이 최소한의 기본적인 권리, 즉 생존할 권리, 존중될 권리, 부당하게 학대받거나 고통받지 않을 권리를 보장받는 날이 찾아오기를, 그래서 함께 '동물들의 제헌절'을 축하하는 날이 오기를 기원한다.

---

PNR이 산양을 원고로 신청한 행정처분 취소 소송은 결국 2006년 도롱뇽 사건과 동일한 이유로 2019년 1월 25일에 각하되었다.

# 동물권에 대해
## 말하고 싶은
## 세 가지

박지연 변호사

도시를 살아가는 우리에게 '동물'은 어떤 존재일까? 집에서 우리를 맞아주는 가족과 같은 존재일 수도, 길에서 마주치는 길고양이일 수도, 불금의 식탁에 오르는 치킨이나 삼겹살이나 곱창의 모습일 수도, 백화점의 무수한 핸드백을 수놓는 가죽일 수도, 다큐멘터리에서 보는 멸종 위기의 이국적인 생명체일 수도 있다. 그렇기에 '동물권'은, 반려견에 대한 이야기일 수도, 채식에 대한 문제일 수도, 생명다양성과 환경보호에 관한 문제일 수도 있다.

이러한 이유로 동물권에 대한 이해가 쉽지 않았다. '동물'이라는 일반적인 용어에 포섭되는 무수히 많은 종이 겪고 있는 다양한 고통의 모습을 아우르는 '동물권'이라는 개념이 언뜻 상정되지 않았던 것이다. 동물권에 대한 국내적·국제적 논의가 더욱 활발해지고 있지만, 동물권의 이상과 현실의 간극을 어떻게 바라보아야 할지도 고민스러웠다. 혹시 나와 같은 어려움을 겪고 있는 사람들과 고민을 나눌 수 있지 않을까 기대하며, 동물권에 대해 당위, 제도, 실천 등 세 가지 측면을 이야기해보고자 한다.

## 왜 동물권은 인정되어야 하는가

동물권에 대한 논의가 시작된 서양에서는 이 질문이 "동물의 고통을 느낄 수 있는 지각능력sentience"에 그 당위적 근거를 두고 있는 것으로 보인다. 즉, 동물 역시 고통을 느낄 수 있는 존재이기 때문에 본질적으로 '동물권'을 가지며 인간은 이를 보장해야 한다는 것이다. 다음에서 보는 바와 같이, '동물권'과 '동물복지'에 대한 국제적 논의에서 공통적으로 천명되어온 전제가 이러한 동물의 지각능력이다.

◆ 동물들은 지각 있는 존재sentient beings이며 그들의 복지는 회원국들이 숙고하고 존중할 가치가 있는 문제라는 점을 단언하며... (「동물복지에 관한 세계 선언」, 2014)

◆ 인간에게 알려진 바와 같이 모든 생명체는 지각 있는 존재

130

sentient beings로서, 고통, 즐거움, 감각, 느낌, 감정을 느낄 수 있음을 고려하여... (「동물권에 관한 선언」, 2011)

◆ '다른 종'이란 모든 지각 있는 종all sentient species을 의미한다. (「다른 종의 권리에 관한 세계 헌장」, 2000)

이 논의와 궤를 같이하여 우리 동물보호법의 '동물'에 대한 정의 규정도 2013년 8월 13일에 다음과 같이 개정되었다.

**동물보호법**

**제2조(정의)** 이 법에서 사용하는 용어의 뜻은 다음과 같다.

1. "동물"이란 고통을 느낄 수 있는 신경체계가 발달한 척추동물로서 다음 각목의 어느 하나에 해당하는 동물을 말한다.

가. 포유류; 나. 조류; 다. 파충류·양서류·어류 중 농림축산식품부 장관이 관계 중앙행정기관의 장과의 협의를 거쳐 대통령령으로 정하는 동물

개인적인 생각으로는, 동물이 고통을 느낄 수 있음에는 반론의 여지가 없지만, 우리 문화권에서는 동양 철학의 생명존중 사상 역시 사람들에게 내재되어 있는 것 같다. 예컨대, 불교의 윤회사상은 인간과 동물을 달리 보지 않으며, 도교의 무위자연 사상은 자연과의 합일을 강조하여 인간과 천지 만물이 서로 통

한다고 보았다. 우리 조상들은 개미 한 마리라도 죽을까 뜨거운 물을 식혀서 버렸고, 걸어 다니며 무심코 벌레를 밟아 죽이는 일이 없도록 성긴 짚신을 신고 다녔던 것을 생각하면, 동물권이라는 개념이 새로운 것은 아닐 것이다.

요컨대, '동물의 지각능력'에 기반하든 '생명존중사상'에 근거하든, 동물은 생명 그 자체로 존중받을 마땅한 권리가 있다.

## 어떻게 동물권을 보장할 것인가

동물권의 당위성을 인정하는 것과 이를 제도적으로 실현하는 것은 또 다른 문제라고 생각한다. 동물권을 어느 선에서 제도적으로 보장하고 법으로 강제할 것인가는 한 국가의 동물권에 대한 사회적 합의를 반영한 정책적 판단이다. 또한, 이러한 정책적 판단은 동물권이 나아갈 방향에 대한 의지의 표현일 수도 있다.

최근 동물복지에 관한 다양한 논의들을 바탕으로 한 입법적 노력이 행해지고 있음은 고무적이다.

예컨대, 표창원 의원은 2018년 6월 20일 "동물을 죽이는 행위를 원칙적으로 금지하고 예외적으로 도살이 가능한 경우를 각 호에 명시"하는 동물보호법 제8조 제1항 등의 개정안을 공동 발의했고, 이상돈 의원은 2018년 5월 15일 "축산법에 따라 개의 사육이 가능해지면서 육견업자들이 최소한의 비용으로 최대한

의 이익을 남기는 방식으로 개를 사육하는 등 공장식 사육으로
인하여 동물의 복지를 저해한다는 지적이 있어 현행 법상 가축
의 정의에서 개를 명시적으로 제외"하기 위한 축산법 제2조 제
1호 일부개정안을 공동발의한 상태다.

하지만 국제동물보호단체World Animal Protection의 2014년 동물
보호지수Animal Protection Index에 따른 조사<sup>•</sup>에서 대한민국은 D등
급을 받은 바 있다.<sup>••</sup> 동물보호지수란, 입법과 정책에 있어서 동
물 복지를 보호하고 개선하려는 국가의 노력을 측정하는 지표
다. 이 가운데서 특히 "한국정부가 동물복지 기준을 모니터하고
개선하기 위해 목표 달성 정도에 관한 보고서를 발간하는지 여
부" 항목에서 최하위인 G등급을 받았는데, "정부가 국내 동물
복지 증진 정도에 관하여 공적으로 활용 가능한 정보를 수집,
분석 및 발행할 것을 제안하는 정책 또는 입법이 없다"는 것이
이유였다.<sup>•••</sup>

입법적인 노력과 더불어, 동물복지 관련 정책 수립을 위한
투명한 논의와 지속가능한 시행이 가능하도록 정부 차원에서 동

---

•      국제동물보호단체(WORLD ANIMAL PROTECTION) 웹사이트(https://api.worldanimalprotection.org/) 참조.

••     참고로, A등급을 받은 나라는 오스트리아, 스위스, 영국이며, B등급을 받은 나라는 독일, 네덜란드, 덴마크, 스웨덴이다.

•••    국제동물보호단체(WORLD ANIMAL PROTECTION) 발간 동물보호지수 지표 국가보고서(Animal Protection Index Indicators 'Republic of Korea') p.16 참조.

물복지 관련 정보를 적극적으로 파악하고 공적 활용을 위해 제공하는 것이 필요하다. 국제동물보호단체가 제안하는 바와 같이, 동물보호법 기타 관련법에서 규정하는 정부의 5년 단위 '동물복지종합계획'과 연계하여 이 계획의 세부 내용을 공유하고 계획의 달성 정도를 지속적으로 모니터하는 등의 방안을 고려해야 할 것이다.

## 누가 동물권을 실천할 것인가

몇 년 전 에르메스가 고급 버킨백에 사용되는 악어가죽을 위해 악어를 도살하는 방법의 잔인성이 뉴스가 된 적이 있다. 악어들은 비인도적인 방식으로 산 채로 가죽이 벗겨지고, 그 상태로 몇 시간이나 고통에 몸부림친다는 내용의 PETA 보고서와 영상이 공개되었고, 제인 버킨은 에르메스 측에 "국제적인 표준을 지키는 공정이 이루어질 때까지 버킨백의 이름을 바꾸어 달라"고 요청했다. 결국 에르메스 측에서 "이러한 도살방법은 텍사스 악어 농장에서 일어난 이례적인 일"이라고 해명하면서 제인 버킨과의 관계는 일단락되었다.

그러나 도살방법의 잔인성만큼이나 희귀 악어 세 마리를 죽여야 럭셔리 핸드백 하나를 만든다는 그 사실에 충격을 받은 건 나쁜일까? 굳이 에르메스 백이 아니더라도 백화점에서 마주하게 되는 수많은 '이그조틱 스킨Exotic Skin'들에 얼마나 많은 생명체가 희생되었을지 상상하면 가죽가방을 들기가 섬뜩해진다. 다른 생명체의 비싼 사체를 드는 것보다는, 생명을 존중하는 마음을 지니는 것이 더 고귀한 것 아닐까?

동물권에 대해 이와 같은 세 가지 측면을 이야기하고 싶었던 이유는, 동물권을 말하는 사람에게 돌아오는 회의적인 시선이 대부분 '현실적인 측면'에 기인하는 경우가 많기 때문이다. 하지만, 현실적인 상황이 동물권의 당위성을 부정할 이유가 될 수 없고, 현실적인 한계가 지금 내가 할 수 있는 작은 실천을 미룰 핑계가 될 수 없다. 동물권의 개인적인 실천은 가치관에 따라 그 범위가 달라지겠지만, 개개인의 실천 없이는 동물권의 보장도 가능하지 않다. 가죽 제품을 끊든, 동물원에 반대하든, 채식을 하든 일단 자신이 가능한 범위에서 동물권을 실천하는 것이 가장 중요할 것이다.

# 왜
# 우리는
# 조그마한 일에도
# 분개해야 하는가

너의 들° // 강은교

'왜 나는 조그마한 일에만 분개하는가'로 시작되는
어느 시인의 말은
수정되어야 하네

하찮은 것들의 피비린내여
하찮은 것들의 위대함이여 평화여

〈너의 들〉, 강은교, 《벽 속의 편지》(창비시선 다시봄), 창비, 2019

밥알을 흘리곤
밥알을 하나씩 줍듯이

먼지를 흘리곤
먼지를 하나씩 줍듯이

핏방울 하나하나
너의 들에선
조심히 주워야 하네

파리처럼 죽는 자에게 영광 있기를!
민들레처럼 시드는 자에게 평화 있기를!

그리고 중얼거려야 하네
사랑에 가득 차서
너의 들에 울려야 하네

'모래야 나는 얼마큼 적으냐' 대신
모래야 너는 얼마큼 작으냐
'바람아 먼지야 풀아 나는 얼마큼 적으냐' 대신
바람아 먼지야 풀아 우리는 얼마큼 작으냐,라고

좋아하는 시인 중 한 명인 강은교 시인은 〈너의 들〉이라는 시를 통해 무엇을 말하고 싶던 걸까.

법학을 접하기 전 시인의 말은 단순한 시어에 지나지 않았다. 하지만 법학을 배울수록 〈너의 들〉은 하나의 구호로 다가왔다. 현행 법이 만들어지기까지 현실에 분개하며 목 놓아 외쳤던 의견들이 반영되었기 때문이다.

헌법도 마찬가지다. 우리나라 헌법은 1948년 7월 17일 최초로 제정된 이후 1987년 10월 29일 개헌이 될 때까지 총 9번의 개헌이 있었다. 민주화 이후 헌법을 통해 구현하고자 하는 가치와 이념에 국민들의 의견이 반영되기 시작했다. 이 과정에서 사회가 구현하고자 하는 가치와 이념들이 정립됐고, 하위 법들을 통해 구체화되면서 우리 삶에 크고 작은 영향을 끼쳤다.

그렇다면 1987년 10월 29일 헌법이 개정된 후 약 30년이 흘렀고, 우리는 여전히 30년 전 구현하려고 했던 가치와 이념 속에서 살아가고 있다고 해도 과언이 아니다. 동물권에 대한 부분도 마찬가지다.

'동물권'은 사람이 아닌 동물 역시 인권에 비견되는 생명권을 가지고 고통을 피하고 학대당하지 않을 권리 등을 지니고 있다는 것으로 동물이 인간의 소유물이나 객체가 아니라는 인식을 기반으로 한다.

하지만 현행 헌법에서 동물에 관련된 조항은 전혀 없고, 민법에서 동물은 물건에 해당되며, 동물보호법에서는 동물을 소유할 수 있는 객체로 전제한 후 동물보호에 관한 내용을 규정하고 있다.

### 민법

제98조 본법에서 물건이라 함은 유체물 및 전기 기타 관리할 수 있는 자연력을 말한다.

### 동물보호법

제2조(정의) 3. "소유자 등"이란 동물의 소유자와 일시적 또는 영구적으로 동물을 사육·관리 또는 보호하는 사람을 말한다.

30년이란 세월이 흐르면서 법률로 지키고자 했던 이념과 가치들도 변화했고, 새롭게 등장하기도 했다. 이러한 변화를 헌법에 반영하자는 목소리가 힘을 얻으면서 2018년 3월 22일 정부는 헌법 개정안을 발의했다. 그리고 이 과정에서 '동물권 보호'에 대한 필요성이 부각되면서 개헌안에는 '국가는 동물 보호를 위한 정책을 시행해야 한다'는 내용도 담기게 됐다.

동물보호에 관한 가치와 이념을 헌법적 차원에서 담아냈다는 점으로만 보면 이는 분명 진일보한 부분이라고 평가할 수 있다. 그러나 동물을 객체로 보는 동물 보호의 시각을 넘어 동물의 주체성을 인정하는 동물권 보장까지 나아가지 못한 점은 아쉽다.

강은교 시인이 '하찮은 것들의 위대함과 평화'에 대해 말한 것은 그들이 모여 새로운 힘을 만들어냈기 때문일 것이다. 개와 고양이를 잔인하게 학대하거나 죽이고, 기본적인 생육환경도 갖추어지지 않은 채 대량으로 사육되는 닭과 돼지들이 전염병에 쉽게 노출되고 있다. 그리고 대량으로 사육되는 동물들이 전염병에 걸렸다고 믿을 만한 역학 조사 등이 있는 경우 큰 고민 없이 살처분 명령이 내려지는 현실이다.

동물을 물건 또는 소유할 수 있는 존재로만 생각한다면 사소한 문제일 수 있다. 그러나 사소하게 여기던 것에 대해 분노하는 개개인들이 늘어났고, 그들이 모은 목소리는 동물권 보장에 대한 가치를 형성했다.

그동안 현실에 분개한 많은 목소리가 사회, 그리고 법률의 변화를 이끌어왔다. 동물권 보장에 대한 강력한 목소리가 헌법 개정을 위한 변곡점을 만들어내고, 그 결과 제10차 개정 헌법에는 '동물권 보장'이라는 내용이 포함되어 있기를 기대한다.

# 3부.

## 동물들의 슬픈 이야기

# 구속영장 발부된
# 천안 펫숍 사건

얼마 전 '천안 펫숍' 사건을 접하게 되었다. 펫숍 1층에서 강아지를 분양하고 있었는데, 같은 펫숍 2층에서 방치되어 뼈가 드러날 정도로 처참한 모습의 개 사체 79구가 발견된 사건이다. 경찰은 동물보호법 위반 사건으로서는 매우 이례적으로 펫숍 업주에 대한 사전구속영장을 신청했고, 2018년 2월 말 대전지방법원 천안지원은 펫숍 업주에 대한 구속영장을 발부했다.

천안 펫숍 사건은 사전구속영장이 발부되는 등 그 어떤 때보다 수사기관의 강력한 처벌 의지를 확인할 수 있는 사건이다. 부디 이번 사건을 통해 그동안 경시되었던 동물학대 행위에 대한 수사 및 처벌의 정도가 한층 강화되기를 바라며, 이번 칼럼에서는 구속영장은 어떠한 사유로 발부되는 것인지, 그리고 천안 펫숍 사건에서 문제가 되는 동물보호법 위반 행위는 무엇인지에 대해 설명하고자 한다.

## 구속영장의 의미와 발부 사유

사실 구속영장은 뉴스에도 자주 나오는 법률용어다. 먼저 정확히 알아야 할 것이 있다. 구속영장이 발부되었다고 해서 반드시 유죄라거나, 구속영장이 기각되었다고 해서 무죄라는 것은 아니다. 구속영장은 수사기관이 수사의 필요를 위해, 법원으로부터 피의자를 구속시켜두겠다는 영장을 발부받는 것으로, 구속영장 발부를 결정하는 주요 사유는 1) 피의자가 죄를 범했다고 의심할 만한 상당한 이유가 있는지, 2) 피의자가 도망할 염려가 있는지, 3) 피의자가 증거를 인멸할 염려가 있는지, 4) 피의자에게 일정한 주거가 있는지 여부로 결정된다.(형사소송법 제70조, 제201조) 이때 죄를 범했다고 의심할 만한 상당한 이유가 없는 경우에는 당연히 구속영장을 기각해야 하나, 죄를 범했다고 의심할 만한 상당한 이유가 있더라도 피의자가 도망할 염려가 없거나, 증거를 인멸할 염려가 없다면 법원은 구속영장을 기각할 수 있다.

이번 사건에서 발부된 사전구속영장은 신병을 확보하지 못한 피의자에 대해 신청하는 것이다. 수사를 하는 동안 피의자가 도망가거나 증거를 인멸할 우려가 있기 때문에, 일정 기간 피의자를 구속하여 수사기관이 원활한 수사를 진행하고 증거를 확보할 수 있도록 하는 제도로, 통상 10일 정도의 유효기간을 두고 발부한다.

대전지방법원 천안지원은 천안 펫숍 업주에게 사전구속영장을 발부하면서 그 사유로 "도주와 증거 인멸 우려가 있다"라고 판단했다.

## 그 펫숍은 동물보호법을 위반했을까

그렇다면 천안 펫숍 업주가 위반한 동물보호법상 조항은 무엇일까? 정확한 위반 조항은 수사기관의 수사를 통해 사실관계가 확정된 이후 결정될 것이나, 2층에서 발견된 사체 중 일부가 오랫동안 굶주린 채로 방치되어 사망한 것으로 보인다는 일부 진술과 사체 상태를 보면, 천안 펫숍 업주는 동물보호법 제8조 제1항 제3호를 위반한 것으로 보인다.

참고로 동물보호법 제8조 제1항 제3호에서는 "고의로 사료 또는 물을 주지 아니하는 행위로 동물을 죽음에 이르는 행위"를 금지하고 있고 같은 법 제46조에서는 위 조항을 위반하는 경우 1년 이하의 징역 또는 1000만 원 이하의 벌금(2018년 3월 22일 이후 위반 행위부터 2년 이하의 징역 또는 2000만 원 이하의 벌금)에 처하도록 하고 있다.

이쯤에서 펫숍 업주가 개 사체를 방치한 행위 및 사체를 방치함으로써 다른 개들에게 정신적 스트레스와 질병 감염의 위험을 발생한 행위도 학대 행위 또는 학대에 준하는 행위라고 생각하는 사람들이 많을 것이다. 그렇다면 이러한 행위를 이유로 처벌받을 수는 없을까? 답은 처벌받을 수 없다이다. 우리 동물보호법상 동물학대 행위는 '법령에 열거된 사유'에 해당할 때에만 처벌받을 수 있기 때문이다.

**동물보호법**

**제8조** ① 누구든지 동물에 대하여 다음 각 호의 행위를 하여서는 아니 된다.

1. 목을 매다는 등의 잔인한 방법으로 죽음에 이르게 하는 행위

2. 노상 등 공개된 장소에서 죽이거나 같은 종류의 다른 동물이 보는 앞에서 죽음에 이르게 하는 행위

3. 고의로 사료 또는 물을 주지 아니하는 행위로 인하여 동물을 죽음에 이르게 하는 행위

4. 그 밖에 수의학적 처치의 필요, 동물로 인한 사람의 생명·신체·재산의 피해 등 농림축산식품부령으로 정하는 정당한 사유 없이 죽음에 이르게 하는 행위

② 누구든지 동물에 대하여 다음 각 호의 학대행위를 하여서는 아

니 된다.

1. 도구·약물 등 물리적·화학적 방법을 사용하여 상해를 입히는 행위. 다만, 질병의 예방이나 치료 등 농림축산식품부령으로 정하는 경우는 제외한다.

2. 살아 있는 상태에서 동물의 신체를 손상하거나 체액을 채취하거나 체액을 채취하기 위한 장치를 설치하는 행위. 다만, 질병의 치료 및 동물실험 등 농림축산식품부령으로 정하는 경우는 제외한다.

3. 도박·광고·오락·유흥 등의 목적으로 동물에게 상해를 입히는 행위. 다만, 민속경기 등 농림축산식품부령으로 정하는 경우는 제외한다.

4. 그 밖에 수의학적 처치의 필요, 동물로 인한 사람의 생명·신체·재산의 피해 등 농림축산식품부령으로 정하는 정당한 사유 없이 신체적 고통을 주거나 상해를 입히는 행위

## 동물보호법의 나아갈 방향

천안 펫숍 사건에서 이례적으로 구속영장이 발부된 것은, 약 79마리의 개들이 한 번에 방치된 점, 펫숍 업주가 일종의 입양비를 받고 개들을 데려온 뒤 이를 방치한 점, 유사한 형태의 펫숍을 운영하고 있는 점 등이 종합적으로 고려된 결과일 것이다.

결국 이 사건에서 펫숍 업주는 징역 8월에 집행유예 2년을

선고받았고, 항소했지만 기각되었다. 범죄의 중함에 비해 낮은 형이 선고된 것은 매우 안타깝지만, 동물보호법 위반 사건으로 수사기관이 구속영장을 신청하고 또 법원이 이를 발부한 것은 앞으로 우리 수사기관 및 법원에서 동물보호법 위반 사안을 더이상 가볍게 여기지 않고, 사안의 경중에 따라 얼마든지 엄중한 수사와 처벌이 이루어질 수 있다는 메시지를 전달하는 것으로 보인다.

그러나 문제는 엄격히 열거된 행위에 대해서만 동물학대로 인정하는 동물보호법의 규정이다. 법이 개선되지 않는 한, 날이 갈수록 그 수법이 다양해지고, 교묘하게 잔인해지는 동물학대 행위를 모두 적절히 처벌할 수 없다.

또한 현행 동물보호법에 의하면 천안 펫숍 업주의 경우 유죄가 확정된 날로부터 1년(2018년 3월 22일 이후부터 3년)이 경과하면 동물판매업을 아무런 제한 없이 운영할 수 있게 되는 등, 동물학대범에 대한 재발 방지 조치가 불충분하다는 점도 문제이다.

동물학대 행위의 피해자인 동물은 말을 할 수 없다. 또한 동물학대 행위는 가정폭력처럼 은밀히 행해지는 경우가 많고, 정확한 목격자가 증거가 없는 이상 실제로 처벌받는 것이 매우 어렵다. 그러나 동물학대 행위를 밝히는 것이 어렵다고 해서, 명백한 학대행위에 대한 처벌 가능성을 봉쇄하거나 재발 방지를 위한 적절한 대책을 세우지 않는 것까지 정당화될 수는 없다. 이번 사건을 통해 동물학대의 정의와 처벌 수준과 재발 방지 대책에 대한 다양한 사회적 논의가 이루어지기를 바란다.

# 방법만 괜찮으면
# 동물을
# 죽여도 되나요

서국화 변호사

　　2017년 6월 23일 인천지방법원 제15형사부는 개 농장을 운영하면서 개를 전기 도살해온 이 모 씨에게 무죄를 선고했다.[•] 축산물위생관리법 등 제반규정에 비추어볼 때 개를 전기로 도살하는 방법은 잔인한 방법에 해당하지 않고, 축산물위생관리법 및 같은 법 시행령이 개를 가축으로 규정하고 있지 않더라도 현실적으로 개가 식용을 목적으로 이용되고 있는 우리나라의 상황에서 위 둘을 본질적으로 다른 것이라고 보기는 어렵

---

　•　이와 같은 무죄 판결은 항소심에서도 유지되었다가, 2018년 9월 13일 대법원에서 파기환송되었다. 그리고 2019년 12월 19일, 파기환송심인 서울고등법원은 피고인에게 동물보호법 위반의 유죄를 선고했다.

기 때문이라는 것이 판결의 요지이다.

2016년 9월 전기충격기와 칼을 이용해 개를 도살한 남성의 행위를 동물학대로 인정해 벌금을 선고한 광주지방법원 순천지원 판결에 비추어보면 의외의 결과였다.

## 개를 근거 없이 도살한 행위에 대해 저벌하지 않아도 될까

'동물복지'에 관하여 우리나라 동물보호법이 제대로 규율하지 못하고 있는 부분이 많다는 사실은 거의 잘 알려진 사실이다. 그러나 축산물위생관리법상 개의 도축에 관한 규정이 없음이 명백함에도 개를 근거 없이 도살한 행위가 아무런 처벌을 받지 않은 데 대하여 많은 동물보호단체들, 시민들이 납득하지 못하는 분위기이다. 이는 동물보호시민단체 카라, 동물자유연대, 동물유관단체협의회가 주도한 '전기도살 무죄 판결 파기와 동물학대자 처벌 촉구 탄원서 제출'에 무려 3만 명에 가까운 시민들이 참여했다는 사실을 보더라도 알 수 있다.

그런데 동물보호법 규정을 들여다보면, 이번 인천지방법원의 판결은 언제나 우려되었던 부분이다.

즉, 동물보호법 제8조 제1항은 "누구든지 동물에 대하여 다음 각 호의 행위를 하여서는 아니 된다"고 정하면서 각호에서 금지되는 행위로서 '1. 목을 매다는 등의 잔인한 방법으로 죽이는 행위, 2. 노상 등 공개된 장소에서 죽이거나 같은 종류의 다른 동물이 보는 앞에서 죽이는 행위, 3. 고의로 사료 또는 물을 주지 아니하는 행위로 인하여 동물이 죽음에 이르게 하는 행위, 4. 그 밖에 수의학적 처치의 필요, 동물로 인한 사람의 생명·신체·재산의 피해 등 농림축산식품부령으로 정하는 정당한 사유 없이 죽이는 행위"를 규정하고 있다.

전체적으로 '동물을 죽여도 되지만, 1호부터 4호처럼 죽이지 말라'는 뉘앙스로 읽힌다. 동물을 죽여서는 안 된다는 규정은 어디에도 없다. 기본적으로 '인간이 자의적으로 동물을 죽일 수 있는 존재'라는 전제가 깔려 있음을 부정할 수 없다.

그나마 4호가 동물을 죽이는 '이유'와 관련한 정당성을 요구하고 있는 듯 보인다. 그런데 이런 경우 통상 하위법령은 그 '정당한 사유'를 규정하여 여기에 해당하지 않는 경우는 모두 '정당한 사유가 없는 것'으로 보아 처벌되도록 하는 반면, 유독 동물보호법의 하위 법령인 농림축산식품부령은 '정당한 사유 없이 죽이는 경우'를 규정하여 동물학대로 처벌하려면 다시 제한된 사유에 포섭되어야만 한다.

### 행위자를 처벌하기는 하늘의 별 따기

동물학대자를 처벌하기 위해 특정된 행위를 포착하고자 노력할 수밖에 없고, 증거를 확보한다 하더라도 규정의 모호함 때문에 처벌을 회피하는 것이 그리 어렵지 않다. 우리 동물보호법이 동물학대에 대한 예방과 처벌 기능을 다하지 못하는 사이 시민들의 의식은 점점 향상되어왔다. 남은 일은 뒤처진 법률이 시민의 의식과 현실의 필요성을 따라잡는 일이다.

'동물'이라는 이유만으로 그 생명을 인간이 좌지우지할 수 있다는 인식은 점점 사라지고 있다. 오히려 모든 생명이 보호받고 존중받는 사회를 만드는 것이 결국 인간에게 득이 되는 일임은 여러 사례에서 확인할 수 있다.

'모든 농장동물을 해방시켜야 한다'는 주장은 시기상조겠지만, 적어도 개별 법률에 따라 도축이 가능한 경우 외에 동물을 죽여서는 안 된다는 원칙을 분명히 세우는 것이 "동물의 생명 보호, 안전 보장 및 복지 증진을 꾀하고, 동물의 생명 존중 등 국민의 정서를 함양하는 데 이바지"한다는 동물보호법 입법목적에 걸맞는 모습 아닐까?

# 죽을 때까지
# 털 뽑히는 거위…
# 학대지만
# 처벌할 수 없는
# 동물보호법

평창올림픽에서 분 롱패딩 열풍은 하루에도 수십 개의 기사가 보도될 정도로 뜨거웠다. 이전까지만 해도 '구스다운'은 특정 브랜드를 중심으로 고가의 패딩이라는 인식이 있었다. 그런데 평창 롱패딩은 고가의 구스다운과 같은 다운 80퍼센트, 깃털 20퍼센트의 비율임에도 고가의 패딩 제품으로 유명한 모 브랜드 롱패딩의 절반 이하 가격에 판매하고 있으니, 사람들의 소비심리를 자극할 만도 하다.

해마다 겨울에는 동물의 가죽과 털을 이용한 옷을 더 따뜻하고 가성비가 좋다며 매출을 극대화하기 위한 업계의 경쟁이 치열하다. 그리고 2018년 평창 롱패딩 사건(?)에서 보는 바와 같이

밤을 꼬박 새어가며 그 옷을 사기 위한 노력 역시 만만치 않다.

우리는 요즘 트렌드라는 옷, 누군가도 입었다는 그 옷을 사기 위해 추운 겨울밤을 노숙하는 성의를 기울이는 동안 정작 그 옷에 이용되기 위해 고통받는 존재에 대해서 얼마나 생각해 보았을까?

몇 년 전까지만 해도 모피는 겨울에 입을 수 있는 가장 따뜻한 옷이자 자신의 부를 나타내기 위한 수단이기도 했다. 그러다 모피를 만드는 데 이용되는 동물 사육 과정에 문제가 많았다. 좁은 케이지에 갇혀 반복적으로 왔다 갔다 하거나, 동족을 잡아먹기까지 하는 극도의 스트레스에 시달리는 비윤리성과 산 채로 가죽을 벗겨낸다는 극악의 잔인성이 많이 알려지면서 모피를 찾는 사람들은 점점 줄어들었고, 모피를 판매하는 곳도, 모피를 입는 사람도 상대적으로 덜 눈에 띄는 것 같다. 여기에 더하여 최근에는 아르마니, 랄프로렌, 스텔라 맥카트니에 이어 구찌까지 퍼 프리fur free 선언을 이어가고 있다는 반가운 소식들도 들리지만, 구스다운에 대한 열기는 더 뜨거워지는 현상이 살짝 의아하다.

모피는 동물의 가죽과 털이라는 특징이 외관으로 드러나는 반면, 구스다운은 패딩의 충전재로서 '동물'을 입었다는 직접적인 시각효과가 없기 때문일까?

그러나 구스다운 점퍼도 알고 보면 무척 잔인한 방식으로 생산된다. 생산력을 높이기 위해 거위가 죽지 않고 살아 있는 상태에서 가슴부터 배 부위의 고운 털을 손으로 뜯어낸다. 털이 뜯긴 거위는 새빨간 속살이 드러낸 상태로 3, 4개월을 지내다가 털이 자라나면 다시 뜯기기를 반복한다.

이렇게 1년에 3-4번 정도 털을 뽑히고 나면 더 이상 고통을 견디지 못하고 죽어버린다고 하니, '깃털보다 공기를 많이 품어 조금 더 따뜻한' 옷을 '저렴한' 가격에 구입하려는, 그리고 많이 팔아 이익을 챙기려는 인간의 욕망이 가련한 생명체에 가하는 가학성은 마주하기 부끄러울 정도이다. 이러한 잔인한 행위는 '살아 있는 상태에서 동물의 신체를 손상'시키는 행위로 동물보호법이 금지하는 학대행위에 해당할 여지가 충분하다. 앞에서 언급한 모피는 살아 있는 상태에서 가죽을 벗겨내 죽이는 것이니까 누가 보아도 '잔인한 방법'으로 동물을 죽이는 행위에 해당하니, 역시나 동물학대 행위다.

하지만 국내에서 처벌을 기대하긴 어렵다. 야생생물 보호 및 관리에 관한 법률(이하 야생생물법)에서 정한 야생동물들을 불법 포획한 경우라면 그 행위를 처벌할 뿐, 모피 또는 구스다운 생산을 위해 농장에서 '사육'되는 동물에 대한 개개의 학대행위 처벌을 기대하기란 어렵기 때문이다. 식용으로 이용하기 위해 사육하는 소, 돼지, 닭 등 농장동물들에 가해지는 동물학대 행위는 매우 일상적이지만 이를 일일이 처벌하지 않는 것과 같은 이치다.

야생생물법은 토끼, 너구리, 여우, 라쿤 등 야생생물의 가공품을 국내로 수입하는 경우 '일정한 허가 기준에 따라 시장·군수·구청장의 허가를 받아야 한다'고 정하고 있을 뿐, 그 가공품이 어떤 과정을 거쳐 만들어졌는지는 고려하지 않는다. 그 때문에 모피 또는 구스다운을 중국 등 해외에서 수입해서 판매하는 비율이 매우 높은데도 외국에서 이미 가공품의 상태로 국내로 들여오는 모피와 구스다운 소재를 제재할 방법이 없다.

생각해보면, 인간의 행복은 다른 생명체의 희생으로 만들어지는 경우가 꽤 많다. 그러나 우리가 행복해지고자 소비한 음식 혹은 물건들이 만들어지기 위해 벌어지는 광경을 보고도 우리가 느끼는 행복이 과연 행복이라고 말할 수 있을까? 당장의 안락함과 즐거움을 위해 실상을 보는 눈을 닫아버리기보다는 진실을 알고자 하는 수고로움을 감수하고 윤리적 소비를 실천해 나가는 것이 인간을 위해 지금껏 고통받아온 생명들에게 우리가 할 수 있는 최소한의 도리라고 생각한다.

고통을 느끼는 동물들을 비명 속에 가두고, 누군가는 그 잔인함을 마주해야 하는 가짜 행복에서 벗어나, 살아가고자 하는 모든 생명이 지구에서 태어난 행운을 만끽할 수 있는 따뜻한 겨울이 되길 기도해본다.

# 가축 전염병,
# 무책임한
# 살처분으로는
# 막을 수 없다

2018년 3월 29일 익산 참사랑 농장이 익산시장을 상대로 제기한 살처분 명령 취소소송의 1심 마지막 변론이 있었다. 원고의 소송대리인을 맡은 PNR의 공동대표들은 '예방'을 위한다는 명목으로 기본적인 조사조차 제대로 진행하지 않고 마구잡이로 이루어지는 살처분의 관행을 돌아보고, 멀쩡한 닭들을 '죽임'으로써 발생하는 혈세 낭비를 막아 달라고 강조했다.

익산의 동물복지 농장인 참사랑 농장의 법정싸움은 2017년 3월경부터 시작되었다. 2017년 2월경 참사랑 농장에서 1킬로미터 이상 떨어진 한 농장에서 조류독감이 확진되자, 익산시장은 3월 10일 조류독감 발병 농장에서 3킬로미터 이내의 양계 농장인 참사랑 농장을 보호지역으로 지정하고, 참사랑 농장에서 사육하고 있는 닭을 전부 살처분하라는 살처분 명령을 했다.

그러나 당시 참사랑 농장의 닭들은 조류독감에 걸렸다고 볼만한 임상증상이 전혀 없었고 실제로도 2017년 2월 28일에 조류독감 음성판정을 받았다. 이에 농장주는 조류독감에 걸리지도 않은 닭들을 모조리 살처분하라는 익산시장의 명령에 불복하면서 같은 해 3월 13일 법원에 해당 명령의 취소를 구하는 소송을 제기했다.

당시 본안소송을 제기하면서 소송이 계속되는 동안 익산시장이 살처분을 강행할 것을 우려하여 집행정지 신청도 냈지만, 1심에서는 그 신청이 기각되어 강제로 살처분될 위기에 처하기도 했었다. 다행히 광주고등법원이 농장주의 항고를 받아들여 익산시장의 살처분 명령 집행을 정지시킬 수 있었다. 그리고 1년이라는 시간이 지나 드디어 1심의 변론이 종결된 것이다.

익산시장의 살처분 명령이 위법하다는 주장의 근거는 명확하다. 익산시장이 살처분 명령을 함에 가축전염병 예방법이 정한 요건을 전혀 갖추지 않았다는 것이다. 가축전염병 예방법 제20조는 '고병원성 조류인플루엔자 등 해당 가축전염병에 걸렸거나 걸렸다고 믿을 만한 역학조사, 정밀검사 결과나 임상증상이 있는 경우'에 살처분을 명하도록 하고 있다. 그리고 그 살처분의 필요성에 관해서는 농림축산식품부 고시 조류인플루엔자 방역실시요령 제17조가 정하는 바에 따라 '해당 지역의 축산업 형태, 지형적 여건, 야생조수류 서식 실태, 계절적 요인 또는 역학적 특성 등 위험도를 감안하여' 판단해야 한다.

익산시장은 참사랑 농장의 닭들을 살처분하라고 명하는 과정에 위와 같은 구체적 사항들에 대한 조사, 검토를 한 사실이 없다. 단지 참사랑 농장이 발병 농장에서 반경 3킬로미터 이내에 있다는 사실뿐인데, 이에 대해서 익산시는 중앙정부가 살처분을 명령하도록 결정했기 때문에 본인들은 아무런 책임이 없다는 입장이다. 얼마나 무책임한 태도인가. 법률은 분명히 살처분 명령을 시장, 군수가 명하도록 정하고 있다.

조류독감 발병 시 닭들을 살처분하게 되면 정부는 살처분된 닭들에 대해 발병 농가에게는 시가의 80퍼센트, 인접 농가에게는 시가 100퍼센트를 보상금으로 지급한다. 또한 6개월간의 평균 소득 지원, 입식 융자 등 여러 가지 지원을 해준다. 물론 과실 없이 기르던 닭들을 살처분하게 된 농가들에 대한 보상은 필요하지만, 살처분 필요성에 대한 정확한 진단 없이 각종 경제적 지원만을 내세워 살처분을 종용하니 손해볼 일이 없는 (닭들을 사육하지 않고도 시가를 보장받으니 더 이익일 수밖에 없다) 농가들은 살처분을 망설일 이유가 없다.

결국 살처분의 필요성이 제대로 밝혀지지 않았음에도 멀쩡한 닭을 땅에 생매장함과 동시에 보상금 지급을 위해 국민 세금까지 쏟아 붓는 등 이중 삼중의 손해를 일으키고 있는 정부의 방식은 반드시 재고되어야 한다.

나아가 우리나라 축산업의 형태와 방식에 대해 진지한 고민이 이루어지길 바란다. 닭들을 A4용지보다 작은 공간에 빽빽하게 넣어두고 사육하는 배터리 케이지, 돼지를 몸을 돌릴 수도 없는 좁은 스툴에 가둔 채 임신과 출산을 반복하게 하는 잔인한 공장식 축산 등 동물들은 새끼를 낳고 고기를 제공하는 도구로서만 이용되고 있다.

동물들을 이렇게 빽빽하게 가둔 공간에서 발생한 가축전염병은 인간이 손을 쓸 틈도 없이 확산되기 마련이고, 그걸 막지 못하니 그냥 '쓸어버리는' 살처분 그리고 예방적 살처분 방식은 절대 근본적인 대책이 될 수 없다.

값싼 고기를 먹기 위해 만들어진 환경은 그 고기를 먹는 인간과 절대 무관하지 않다. 갈수록 육식 중심으로 나아가고 있는 우리의 식습관이 애초에 개개인의 의지로 이루어진 것인지, 고기를 팔아 이익을 남기는 자들에 의해 강화되어왔는지 돌아볼 필요가 있다.

그렇지만 아직 값싼 고기를 먹기 위한 환경을 돌이켜보기 시작하기는 어려웠던 것일까. 2018년 5월 10일 1심 선고에서 전주지방법원은 살처분을 명한 익산시장의 처분이 적법하다고 선고했다. 이어 2019년 12월 11일에 이루어진 항소심 판결 선고에서 광주고등법원 전주 제1행정부 역시 "익산시장의 처분이 적법하다"고 하면서, 참사랑 농장의 항소를 기각했다. 항소심에서는 1심에서 이루어지지 않았던 익산시 축산방역계장과 축산과장에 대한 증인신문이 진행되었는데, 이 과정에서 익산시장이 조류인플루엔자 방역실시 요령 제17조 단서 및 별표 9에 따른 조류인플루엔자 위험도 판단을 제대로 하지 아니하였다는 점이 드러났음에도 재판부는 "일부 미흡한 부분이 있다고 하더라도 당시 긴급한 상황에 비추어볼 때 이를 절차상 하자에 해당한다고 볼 수 없다"고 판단했다. 이미 소멸되었음이 확인된 긴급성에 비해 '생명의 무게'가 더 가볍다고 볼 수 있는 것인지, 매우 아쉬움이 남는 판결이다.

'동물을
잔인한 방법으로
죽음에 이르게
하는 행위'의 의미

　　동물보호법은 동물에 대한 학대행위의 방지, 동물의 생명보호 등의 목적으로 1991년 5월 31일에 제정되었고, 그 후 21년 동안 17차례 개정을 거쳐 현행 법률에 이르렀다. 제8조에서는 명시적으로 동물학대 행위를 금지하면서 그런 학대 행위의 유형에 대해 구체적으로 규정하고 있고, 제46조에서는 벌칙 규정을 두어 이를 위반한 경우 2년 이하의 징역 또는 2000만 원 이하의 벌금에 처하고 있다.

**동물보호법**

**제8조(동물학대 등의 금지)** ① 누구든지 동물에 대하여 다음 각 호

의 행위를 하여서는 아니 된다.

1. 목을 매다는 등의 잔인한 방법으로 죽음에 이르게 하는 행위

2. 노상 등 공개된 장소에서 죽이거나 같은 종류의 다른 동물이 보는 앞에서 죽음에 이르게 하는 행위

3. 고의로 사료 또는 물을 주지 아니하는 행위로 인하여 동물을 죽음에 이르게 하는 행위

4. 그 밖에 수의학적 처치의 필요, 동물로 인한 사람의 생명·신체·재산의 피해 등 농림축산식품부령으로 정하는 정당한 사유 없이 죽음에 이르게 하는 행위

**제46조(벌칙)** ① 다음 각 호의 어느 하나에 해당하는 자는 2년 이하의 징역 또는 2000만 원 이하의 벌금에 처한다.

1. 제8조 제1항부터 제3항까지를 위반하여 동물을 학대한 자

특히 제8조 제1항 제1호에서는 '목을 매다는 등의 잔인한 방법으로 죽음에 이르게 하는 행위'를 학대 행위의 한 유형으로 명시하고 있다.

법률의 특성상 실제로 사용할 수 있는 모든 방법을 일일이 규정할 수 없어 부득이하게 추상적인 개념을 동원하여 규정하고, 어떤 사건이 발생했을 때 법원에서는 그 사건의 사실관계가 그렇게 법률이 정한 추상적인 개념에 해당되는지를 판단하게 된다.

따라서 학대 행위에 해당하는 '잔인한 방법'에 대해 이견이 있을 수 있으나, 법원의 판단을 통해 그 유형과 의미가 더 세밀하게 정립된다. 또한 우리나라 재판은 3심제를 취하고 있어 최종 판결인 대법원의 판결이 그 의미가 크다.

그러면 개 농장을 운영하는 사람이 도축 시설에서 개를 묶은 상태에서 전기가 흐르는 쇠꼬챙이를 개의 주둥이에 대어 감전시키는 방법으로 죽여서 도축했을 경우, 이러한 행위가 개를 죽음에 이르게 하는 행위인 것은 분명한데 잔인한 방법에도 해당하는 것일까. 이 행위에 대해 검사는 잔인한 방법에 해당하는 것으로 보고 기소했으나, 1심 법원에서는 이를 잔인한 방법에 해당하지 않는 것으로 판단하여 무죄판결을 선고했다.

1심 법원에서는 "동물을 죽이는 행위는 그 자체로서 어느 정도의 잔인성을 내포하고 있으므로 '잔인'의 개념을 지나치게 넓게 해석할 경우 처벌 범위가 무한정 확장될 우려가 있어 그 의미를 엄격하게 해석해야 한다. 축산물위생관리법에서는 동물의 도살 방법으로 동물의 머리에 전류를 흐르게 하여 기절시키는 전살법에 대해 규정하고 있고, 피고인의 행위는 그러한 전살법에 의해 동물을 도살한 것으로 그 도살 방법이 기본적으로 예정하고 있는 방식을 따르지 아니하였다거나 동물에게 불필요한 고통을 가했다는 등의 특별한 사정이 없는 한 '잔인한 방법'에 해당하지 않는다고 해석함이 타당하다"라고 판단하여 무죄

판결을 선고했고, 2심 법원에서도 1심 법원과 마찬가지로 무죄 판결을 선고했다.

그러나 대법원의 판단은 달랐고, 2018년 9월 13일 원심을 파기하고 사건을 서울고등법원에 환송하라는 판결을 선고했다.

대법원에서는 "특정 도살방법이 잔인한 방법인지 여부는 동물별 특성에 따라 해당 동물에게 주는 고통의 정도와 지속시간을 고려하여 판단해야 한다. 특정 도살 방법이 관련 법령에서 일반적인 동물의 도살 방법으로 규정되어 있다거나 도살에 이용한 물질, 도구 등이 관련 법령에서 정한 것과 동일 또는 유사하다는 것만으로는 이를 다른 동물에게도 그 특성에 적합한 도살 방법이라고 볼 수 없다. 그러므로 피고인이 개 도살에 사용한 쇠꼬챙이에 흐르는 전류의 크기, 개가 감전 후 기절하거나 죽는 데 소요되는 시간, 도축 장소 환경 등 전기를 이용한 도살 방법의 구체적인 행태, 그로 인해 개에게 나타날 체내·외 증상 등을 심리하여 잔인한 방법으로 죽이는 행위로 볼 수 있는지를 판단하였어야 한다"라고 하여 서울고등법원에서 다시 심리할 것을 선고했다.

이 사건은 서울고등법원 2018노2595호 동물보호법위반 사건으로 파기환송심이 계속되었고, 오랜 기간의 공방 끝에 마침내 2019년 12월 19일 재판부는 "피고인이 사용한 전기를 이용한 도살 방법은 개에게 상당한 고통을 유발하는 잔인한 방법에 해당한다"고 판단하여 피고인에게 유죄를 선고했다.

이번 대법원 판결을 통해 축산물위생관리법에서 정한 도살 방법으로 동물을 도살했다고 하더라도 잔인한 방법으로 동물을 죽이는 학대 행위에 해당할 수 있으므로 축산물위생관리법에 정한 도살 방법이라고 하더라도 동물별 특성을 고려하여 도축 행위를 해야 한다는 결론을 얻게 되었다.

한편 PNR에서는 여러 차례 개가 축산물위생관리법상 전살이 허용되는 동물이 아니고, 전살법이 단순히 전기를 이용하여 죽이는 방법을 의미하는 것이 아니라는 의견을 밝혀왔다. 전살법은 축산물위생관리법상 동물의 고통을 최소화할 수 있도록 최단 시간 내 기절에 이르게 하는 절차로 동물별로 그 기준과 안전 절차를 마련하고 있는데, 시중에서 흔히 구할 수 있는 전기봉으로 단순히 개를 감전시킨 이 사건은 잔인한 방법으로 개를 죽이는 행위에 해당한다는 주장이 담긴 의견서를 여러 차례 제출했고, 그런 의견이 반영된 대법원 판례가 선고되었다.

이렇듯 동물을 잔인한 방법으로 죽음에 이르게 하는 행위에 대해 원심판결과 대법원 판결은 서로 다른 판결을 선고했고, 이번 대법원 판결로 인해 그 의미가 조금은 세분화되었다고 볼 수 있다. 그리고 이번 대법원 판결과 서울고등법원의 파기환송심 판결로 인해 무분별하게 개를 전살하는 행위에 대해 다시 한 번 생각해볼 수 있는 계기가 마련되었으면 하는 바람이다.

# 직원에게
# 닭을 죽이도록 한 행위,
# 어떤 처벌을 받을까

2018년 10월의 마지막 날, 보고도 믿을 수 없을 정도로 잔혹한 영상이 공개되었다. 한국미래기술원의 양진호 회장이 웹하드업체 위디스크의 워크숍 자리에서 직원들로 하여금 닭을 죽이게 하거나 직접 죽이는 영상이었다.

양 회장은 직원들에게 석궁으로 닭을 쏘아 죽이라고 했고, 이를 거부하지 못한 일부 직원들은 실제로 석궁으로 닭을 맞췄다. 그러다 석궁으로 닭을 맞추는 데 실패한 직원에게 양 회장은 "○○하네" "장난하냐" 등 비난을 퍼부었고, 자신이 직접 석궁을 닭에 명중시켰다. 양 회장의 지시로 한 직원이 닭을 허공에 날리고 다른 직원이 그 닭을 일본도로 베어 죽이게 하는 모습이 담긴 영상도 이어졌다. 영상이 잔인했던 만큼 사람들은 크게 분노했다.

과연 양 회장에겐 어떤 법적 책임을 물을 수 있을까? 직원에 대한 양 회장의 폭행과 협박이 난무했던 상황에서 그 지시에 따라 닭을 죽인 직원들은 동물학대의 죄책을 지게 될까?

**동물보호법**

제8조(동물학대 등의 금지) ① 누구든지 동물에 대하여 다음 각 호의 행위를 하여서는 아니 된다.

1. 목을 매다는 등의 잔인한 방법으로 죽음에 이르게 하는 행위

2. 노상 등 공개된 장소에서 죽이거나 같은 종류의 다른 동물이 보는 앞에서 죽음에 이르게 하는 행위

양 회장이 직접 닭에게 석궁을 맞춘 행위는 명백하게 동물학대에 해당한다. 동물보호법은 잔인한 방법으로 동물을 죽이거나 노상 등 공개된 장소에서 동물을 죽이는 행위를 동물학대로 처벌하고 있기 때문이다. 석궁으로 닭을 죽이는 경우 닭이 즉사하지도 않을뿐더러 죽는 순간 엄청난 고통을 느낄 것이다. 따라서 이는 당연히 잔인한 방법에 해당된다.

**형법**

**제12조(강요된 행위)** 저항할 수 없는 폭력이나 자기 또는 친족의 생명, 신체에 대한 위해를 방어할 방법이 없는 협박에 의하여 강요된 행위는 벌하지 아니한다.

그렇다면 직원들의 행위는 어떨까? 직접 석궁을 쏘거나 일본도로 닭을 베어 죽인 경우 이 행위는 동물보호법 제8조 제1항 제1,2호에 해당한다는 점에서 구성요건 해당성이 인정된다. 다만, 직원들에게 그 책임을 묻기는 어려워 보인다.

직원들은 자발적으로 동물학대 행위를 한 것이 아니라 양 회장이 조성한 공포감에 압도되어 있었기 때문이다. 직원들은 만약 그 지시를 따르지 않으면 자신에게 어떤 보복이 이루어질지 경험상 충분히 예상할 수 있었을 것이다. 따라서 직원들의 동물학대 행위는 양 회장에 의해 '강요된 행위'에 해당한다. 형법 제12조는 이러한 강요된 행위는 '벌하지 아니한다'고 규정하고 있다.

결국 양진호는 직접 석궁을 쏘아 닭을 죽인 행위뿐 아니라, 직원들을 이용해 닭을 죽인 행위에 대해서도 책임을 져야 한다. 후자는 '피이용자의 강요된 행위를 이용한 경우'로 동물학대죄의 간접정범에 해당한다(간접정범이란 고의나 책임이 없는 등 처벌받지 않는 자를 이용하여 범하는 범죄를 말한다). 이 경우 동물학대

죄의 교사 또는 방조의 예에 의해 처벌받게 된다. 이와 별도로 직원들에게 "닭을 죽이라"는 '의무 없는 일'을 시켰기 때문에 강요죄에 대한 책임도 물을 수 있다.

**형법**

**제34조(간접정범, 특수한 교사, 방조에 대한 형의 가중)** ① 어느 행위로 인하여 처벌되지 아니하는 자 또는 과실범으로 처벌되는 자를 교사 또는 방조하여 범죄행위의 결과를 발생하게 한 자는 교사 또는 방조의 예에 의하여 처벌한다.

② 자기의 지휘, 감독을 받는 자를 교사 또는 방조하여 전항의 결과를 발생하게 한 자는 교사인 때에는 정범에 정한 형의 장기 또는 다액에 그 2분의 1까지 가중하고 방조인 때에는 정범의 형으로 처벌한다.

**제324조(강요)** ① 폭행 또는 협박으로 사람의 권리행사를 방해하거나 의무 없는 일을 하게 한 자는 5년 이하의 징역 또는 3000만 원 이하의 벌금에 처한다.

제보자들의 말에 의하면, 양진호는 당시 죽인 닭으로 '백숙'을 끓여 먹었다고 한다. "먹기 위해 닭을 잡았을 뿐, 동물학대가 아니다. 정당한 도살이다"라고 변명한다면, 이는 어떻게 봐야 할까?

그러나 가축의 도살은 축산물위생관리법 제7조에 따라 허가받은 작업장에서 해야 한다. 예외 경우로는 '소와 말을 제외한 가축의 종류별로 정하여 고시하는 지역에서 그 가축을 자가소비하기 위해 도살, 처리하는 경우'를 생각해볼 수 있을 뿐이다.

**축산물위생관리법**

**제7조(가축의 도살 등)** ① 가축의 도살·처리, 집유, 축산물의 가공·포장 및 보관은 제22조 제1항에 따라 허가를 받은 작업장에서 하여야 한다. 다만, 다음 각 호의 어느 하나에 해당하는 경우에는 그러하지 아니하다.

1. 학술연구용으로 사용하기 위하여 도살·처리하는 경우

2. 특별시장·광역시장·특별자치시장·도지사 또는 특별자치도지사(이하 "시·도지사"라 한다)가 소와 말을 제외한 가축의 종류별로 정하여 고시하는 지역에서 그 가축을 자가소비(自家消費)하기 위하여 도살·처리하는 경우

3. 시·도지사가 소·말·돼지 및 양을 제외한 가축의 종류별로 정하여 고시하는 지역에서 그 가축을 소유자가 해당 장소에서 소비자에게 직접 조리하여 판매(이하 "자가 조리·판매"라 한다)하기 위하여 도살·처리하는 경우

따라서 당시 워크숍이 어떤 지역에서 이루어졌는지, 그 지역에 닭에 대해 자가소비를 위한 도살을 허용하는 고시를 두고 있는지 살펴보아야겠지만, 설령 그렇다고 하더라도 동물보호법 제10조 제1항에서는 '모든 동물은 혐오감을 주거나 잔인한 방법으로 도살되어서는 안 된다, 그리고 도살 과정에 불필요한 고통이나 공포, 스트레스를 주어서도 안 된다'고 금지하고 있다.

축산물위생관리법에 따라 동물을 죽이는 경우에는 가스법, 전살법電殺法 등 농림축산식품부령으로 정하는 방법을 이용하여 고통을 최소화해야 하며, 동물보호법 제10조 제2항에 따르면 반드시 의식이 없는 상태에서 다음 도살 단계로 넘어가야 한다. 따라서 양 회장은 여전히 동물학대의 의혹에서 벗어나기 어렵다.

**동물보호법**

**제10조(동물의 도살방법)** ① 모든 동물은 혐오감을 주거나 잔인한 방법으로 도살되어서는 아니 되며, 도살과정에 불필요한 고통이나 공포, 스트레스를 주어서는 아니 된다.

② 「축산물위생관리법」 또는 「가축전염병예방법」에 따라 동물을 죽이는 경우에는 가스법·전살법(電殺法) 등 농림축산식품부령으로 정하는 방법을 이용하여 고통을 최소화하여야 하며, 반드시 의식이 없는 상태에서 다음 도살 단계로 넘어가야 한다. 매몰을 하는

경우에도 또한 같다.

③ 제1항 및 제2항의 경우 외에도 동물을 불가피하게 죽여야 하는 경우에는 고통을 최소화할 수 있는 방법에 따라야 한다.

양 회장의 사례는 동물을 죽이는 행위가 단지 '동물'에 대한 태도로 끝나지 않는다는 사실을 보여주었다. 동물학대 범죄를 사회적으로 매우 위험한 범죄라고 보아야 하는 이유이다. 양 회장은 여러 혐의에 대한 수사와 처벌을 피하기 어려울 것이다. 많은 사람들도 엄벌의 필요성을 주장하고 있다. 사람이 동물을 대하는 태도가 가지는 의미, 그리고 동물학대 처벌을 강화해야 하는 이유에 대해서도 다시 한 번 되짚어볼 때다.

# 메이 실험이 명백히 불법인 이유, 변호사가 알려드립니다

동물보호단체 비글구조네트워크가 게시한 '서울대 수의대에서 실험 중인 퇴역 탐지견을 구조해주십시요'라는 제목의 국민 청원이 20만 명의 동의를 얻어 청와대 공식 답변 요건을 충족했다. 이미 세상을 떠난 퇴역 탐지견 '메이 사건'이 많은 사람을 충격에 빠트렸기 때문이다.

메이는 복제견으로 태어나 검역 탐지견으로 5년을 근무했다. 동물보호법상 검역견에 대한 동물실험이 명백히 금지되어 있지만, 메이는 최소한의 사육환경조차 보장받지 못한 채 고통스러운 동물실험을 받고 세상을 떠났다.

언론 보도와 비글구조네트워크를 통해 알려진 사실관계를

종합해보면 메이 사건은 명백한 동물보호법 위반이다. 하지만 일각에서는 동물보호법 예외조항을 들며 메이를 비롯한 검역견에 대한 동물실험이 불법이 아니라고 주장하기도 한다. 과연 그런지, 그리고 이번 사건이 동물보호법을 위반했다면 어떤 처벌을 받을 수 있는지 알아보자.

먼저 동물보호법 제24조는 국가를 위해 사역하고 있거나 사역한 동물로서 대통령령으로 정한 동물을 대상으로 하는 동물실험을 금지하고 있다. 이때 대통령령으로 정한 동물은 동물보호법 시행령 제10조에 명시되어 있다.

**동물보호법**

**제24조(동물실험의 금지 등)** 누구든지 다음 각 호의 동물실험을 하여서는 아니 된다. 다만, 해당 동물종(種)의 건강, 질병관리연구 등 농림축산식품부령으로 정하는 불가피한 사유로 농림축산식품부령으로 정하는 바에 따라 승인을 받은 경우에는 그러하지 아니하다.

1. 유실·유기동물(보호조치 중인 동물을 포함한다)을 대상으로 하는 실험

2. 「장애인복지법」 제40조에 따른 장애인 보조견 등 사람이나 국가를 위하여 사역(使役)하고 있거나 사역한 동물로서 대통령령으로

정하는 동물을 대상으로 하는 실험

**동물보호법 시행령**

제10조(동물실험 금지 동물) 법 제24조 제2호에서 "대통령령으로 정하는 동물"이란 다음 각 호의 어느 하나에 해당하는 동물을 말한다.

1. 「장애인복지법」 제40조에 따른 장애인 보조견

2. 소방청(그 소속 기관을 포함한다)에서 효율적인 구조활동을 위해 이용하는 인명구조견

3. 경찰청(그 소속 기관을 포함한다)에서 수색·탐지 등을 위해 이용하는 경찰견

4. 국방부(그 소속 기관을 포함한다)에서 수색·경계·추적·탐지 등을 위해 이용하는 군견

5. 농림축산식품부(그 소속 기관을 포함한다) 및 관세청(그 소속 기관을 포함한다) 등에서 각종 물질의 탐지 등을 위해 이용하는 마약 및 폭발물 탐지견과 검역 탐지견

동물보호법 시행령 제10조에서는 장애인 보조견, 인명구조견, 경찰견, 군견, 그리고 마약 및 폭발물 탐지견과 검역 탐지견에 대한 동물실험을 금지하고 있다. 해당 동물들에 대한 동물실험 금지는 국가와 사회를 위해 본능을 억제하고 일생을 헌

신한 동물들에 대한 최소한의 예우로서 정해진 것이다. 메이는 검역 탐지견으로서 5년을 근무한 동물이다. 시행령 제10조 제5호에 명시된 것처럼 메이는 분명히 동물실험을 할 수 없는 동물이다. 물론 메이와 함께 실험실로 보내진 검역견들도 모두 같다.

단, 일각에서는 동물보호법 제24조가 동물실험 금지 적용의 예외 가능성을 열어두고 있다고 주장한다. 하지만 이는 해당 동물종의 생태, 습성 등에 관한 과학적 연구를 위한 경우로만 한정하고 있다.

### 동물실험지침

**제23조(동물실험금지의 적용 예외)** ① 법 제24조 각 호 외의 부분 단서에서 "농림축산식품부령으로 정하는 불가피한 사유"란 다음 각 호의 어느 하나에 해당하는 경우를 말한다.

1. 인수공통전염병(人獸共通傳染病) 등 질병의 진단·치료 또는 연구를 하는 경우

2. 방역(防疫)을 목적으로 실험하는 경우

3. 해당 동물 또는 동물종(種)의 생태, 습성 등에 관한 과학적 연구를 위하여 실험하는 경우

② 제1항에서 정한 사유로 실험을 하려면 해당 동물을 실험하려는 동물실험시행기관의 동물실험윤리위원회(이하 "윤리위원회"라 한

다)의 심의를 거치되, 심의 결과 동물실험이 타당한 것으로 나타나면 법 제24조 각 호 외의 부분 단서에 따른 승인으로 본다.

동물실험 지침에서는 인수공통전염병이나 방역 또는 해당 동물이나 동물종의 생태, 습성 등에 관한 과학적 연구를 위해 실험하는 경우에는 검역견에 해당하더라도 동물실험을 할 수 있도록 허용하고 있다. 단, 이때 실험을 위해서는 반드시 해당 동물을 실험하려는 기관의 동물실험윤리위원회의 심의를 거쳐 동물실험이 타당하다는 점에 대해 확인을 받아야 한다.

과연 이병천 교수는 동물실험윤리위원회 보고 및 심의를 거쳤을까? 언론 보도에 따르면 서울대학교 동물실험윤리위원회 산하 조사위원회는 이 교수의 연구팀이 메이 등 복제견 세 마리에 대한 반입을 보고한 사실이 없다고 발표했다. 결국 이 교수 팀이 해당 동물 또는 동물 종의 생태, 습성을 위해 연구를 진행했다 하더라도 그 실험을 진행하기 위한 절차를 제대로 밟지 않은 것이고 이 또한 명백한 동물보호법 위반에 해당한다.

그렇다면 처벌 수준은 어떠할까?

**동물보호법**

제46조(벌칙) ④ 다음 각 호의 어느 하나에 해당하는 자는 300만 원 이하의 벌금에 처한다.

## 4. 제24조를 위반하여 동물실험을 한 자

**제46조의2(양벌규정)** 법인의 대표자나 법인 또는 개인의 대리인, 사용인, 그 밖의 종업원이 그 법인 또는 개인의 업무에 관하여 제46조에 따른 위반행위를 하면 그 행위자를 벌하는 외에 그 법인 또는 개인에게도 해당 조문의 벌금형을 과한다. 다만, 법인 또는 개인이 그 위반행위를 방지하기 위하여 해당 업무에 관하여 상당한 주의와 감독을 게을리하지 아니한 경우에는 그러하지 아니하다.

동물보호법 제46조에 따르면, 같은 법 제24조를 위반하여 동물실험을 한 경우 300만 원 이하의 벌금에 처한다. 따라서 이병천 교수는 벌금형을 받을 수 있고, 또한 서울대학교는 그 법적 성격이 법인法人이므로, 이 교수 연구실의 동물보호법 위반 행위 및 이를 방지하기 위한 업무에 대해 상당한 주의와 감독을 다하지 않았다면 양벌규정에 따라 벌금형을 받을 수 있다.

나아가 이 연구실에서 메이에 대한 동물보호법상 학대 행위, 즉 도구·약물 등 물리적·화학적 방법을 사용하여 상해를 입히는 행위 또는 농림축산식품부령으로 정하는 정당한 사유 없이 신체적 고통을 주거나 상해를 입히는 행위를 한 것이 밝혀진다면 동물학대 행위로 판단되어 2년 이하의 징역 또는 2000만 원 이하의 벌금형을 받을 수 있다. 그러나 대학 연구실 내부에서 은밀히 이뤄지는 학대 행위의 특성상 내부고발자의 체계적인 증거 수집과 도움이 없는 이상 밝히기 어렵다는 한계가 존재한다.

세상으로 드러난 메이 사건은 많은 이들에게 크나큰 충격을 주었다. 이 사건은 검역견에 대한 끔찍한 학대 행위이자 명백한 동물보호법 위반 행위다.[*] 하지만 이런 불법 행위에 대한 법정 최고형이 300만 원 이하의 벌금에 불과하고, 동물보호법 제24조를 위반하여 동물실험을 한 자에 대해서는 상습범에 대한 가중처벌 규정도 존재하지 않는다.

필요에 의해 동물을 이용했다면, 최소한 그들의 남은 일생을 우리가 존중하고 보장해주어야 하지 않을까? 그러기 위해서는 무엇보다도 동물실험을 하는 동물실험 시행기관에 대한 면밀한 조사와 감시, 그리고 동물보호법을 위반한 채 자행되는 불법적 실험에 대한 강력한 처벌이 뒷받침되어야 할 것이다.

---

[*] 2020년 1월 9일 현재 이병천 교수는 동물보호법 위반 혐의로 검찰에 기소 의견 송치된 상태이다.

# '널 위해서'…
# 희생에 빚진 동물실험,
# 나아가야 할 방향은?

지금 이 글을 읽는 순간에도 우리가 섭취하는 식품, 우리 몸에 직접 작용하는 의약품, 화장품 등 새로운 제품은 계속 개발되고 있다. 또 아직 정복하지 못한 질병의 치료법도 연구 중일 것이다. 과학의 눈부신 발달은 이처럼 인간의 삶을 윤택하고 풍요롭게 만드는 신제품과 치료법을 탄생시켰다. 그러나 이러한 신제품이나 치료법의 부작용이 보고되는 경우도 있어, 그 효능과 안정성에 두려움을 갖게 되는 것이 사실이다. 그래서 신제품이나 치료법 등 인간의 건강과 직결되는 것을 개발할 때는 안정성 확보 방편으로 실험과 과학적 절차를 거친다. 그리고 동물을 대상으로 그러한 실험과 과학적 절차를 실시하는 것을 동물실험이라고 한다.

우리나라에서도 상당히 많은 동물이 동물실험에 이용되고 있다. 농림축산검역본부(검역본부)가 국내 동물실험 시행기관의 2017년 동물실험 및 실험동물 사용실태 조사를 한 결과 동물실험을 시행한 351개 기관에서 총 308만 2,259마리의 실험동물이 사용된 것으로 나타났다. 전년 대비 7.1퍼센트 증가하여 총 20만 마리 이상 늘어난 수치다. 우리나라 실험동물 수는 지난 5년간 꾸준히 증가해, 2013년 196만여 마리에서 매해 10만~40만 마리씩 늘어 2017년엔 무려 300만 마리를 넘어섰다. 2017년 한 해 동안 쥐 등 설치류가 283만 3,667마리(91.9퍼센트), 어류 10만 2,345마리, 조류 7만 2,184마리, 토끼 3만 6,200마리, 기타 포유류 3만 2,852마리가 인간을 위한 실험에 동원되었다.

동물권을 전적으로 인정하는 사람들은 동물의 희생으로 오직 인간만 이익을 얻는다는 점에서 동물실험을 비난한다. 하지만 경우에 따라 동물실험이 인류와 동물들 모두에게 긍정적인 효과를 가져다 줄 수 있기에 이를 전면적으로 금지시키는 것은 다소 어려운 일이다. 현재 전 세계적으로 수용되고 있는 동물실험에 대한 입장은 "과학적·의학적 목표들을 위해 동물 실험을 수행할 시 실험동물의 고통과 개체 수를 최소화하는 방향으로 진행해야 한다"는 것이다. 결국 인류가 동물들의 희생에 우선

감사하고, 실험도 매우 제한적으로 실시하는 것은 물론, 동물들에게 고통이 덜한 방법으로 행하는 것이 지금으로서는 가장 현실적인 타협점이다.

우리나라에도 동물실험에 관한 일련의 법률이 존재한다. 2008년 3월 제정되어 이듬해 시행된 실험동물에 관한 법률(이하 실험동물법)이 대표적이고, 동물과 관련한 기본법이라 할 수 있는 동물보호법 역시 동물실험과 관련한 다수의 내용을 포함하고 있다.

### 동물보호법

**제23조(동물실험의 원칙)** ① 동물실험은 인류의 복지 증진과 동물 생명의 존엄성을 고려하여 실시하여야 한다.

② 동물실험을 하려는 경우에는 이를 대체할 수 있는 방법을 우선적으로 고려하여야 한다.

③ 동물실험은 실험에 사용하는 동물(이하 "실험동물"이라 한다)의 윤리적 취급과 과학적 사용에 관한 지식과 경험을 보유한 자가 시행하여야 하며 필요한 최소한의 동물을 사용하여야 한다.

④ 실험동물의 고통이 수반되는 실험은 감각능력이 낮은 동물을 사용하고 진통·진정·마취제의 사용 등 수의학적 방법에 따라 고통을 덜어주기 위한 적절한 조치를 하여야 한다.

⑤ 동물실험을 한 자는 그 실험이 끝난 후 지체 없이 해당 동물을

검사하여야 하며, 검사 결과 정상적으로 회복한 동물은 분양하거나 기증할 수 있다.

이처럼 동물보호법 제23조는 동물실험과 실험동물에 대한 기본적인 입장을 규정하고 있다. 올해 3월에는 같은 조 5항에 동물실험을 마친 실험동물이 보통의 삶을 살아갈 수 있도록 그들을 입양할 수 있는 근거가 신설됐다. 또 미성년자에게 동물 해부실습을 금지하는 내용도 마련됐다. 동물실험을 시행할 수 있는 기관을 제한하고 있으며, 동물실험 윤리위원회의 설치 근거 규정을 두어 실험동물에 대한 보호와 인도적·윤리적 대우를 강조하고 있다.

### 실험동물에 관한 법률

제1조(목적) 이 법은 실험동물 및 동물실험의 적절한 관리를 통하여 동물실험에 대한 윤리성 및 신뢰성을 높여 생명과학 발전과 국민보건 향상에 이바지함을 목적으로 한다.

실험동물법은 동물실험을 수행하는 시설의 설치 및 지정과 관련한 내용을 규정하고 있다. 특히 실험동물 공급자를 제한하여 무분별하게 동물들이 실험에 희생되는 것을 방지하고 있다. 최근 유기동물을 단순히 방치하거나 안락사시키기보다는 실험동물로 제공하자는 의견이 있었다. 그러나 동물보호법 제24조는 유기동물을 실험동물로 제공하는 것을 금지하고 있다. 더불어 유기동물은 실험동물법이 대통령령으로 정한 실험동물 공급자가 생산·공급한 동물도 아니기 때문에 동물실험에 이용될 수 없다. 동물실험은 실험동물의 일방적인 희생이 수반되므로 결코 단순한 경제논리나 행정 편의적 시각으로 접근해서는 안 된다.

"유럽연합EU은 동물실험을 한 성분을 포함한 화장품을 금지하고 있으며, 동물실험이 어디에서 이뤄졌는지는 상관하지 않는다."

2013년 3월 발효된 유럽의 화장품 동물실험 금지법은 EU 안에서 생산된 화장품은 물론 제3국에서 동물실험을 한 성분을 포함한 화장품도 EU 내에서는 유통·판매할 수 없다고 규정하고 있다. 이에 따라 유럽사법재판소ECJ는 "EU법은 동물실험을 한 성분을 포함한 모든 화장품의 유통과 판매를 금지하고 있으며, 동물실험이 어디에서 이뤄졌는지는 상관하지 않는다. 제3국에서 이러한 동물실험을 거친 화장품을 수입하게 되면 법을 우회하여 법의 목적을 훼손하게 된다"며 중국과 일본에서 동물실험을 거쳐 개발한 화장품을 시장에 판매하려고 한 영국의 화장품 제조업체들을 제재한 바 있다.

우리나라에서도 2016년 신설된 화장품법 제15조의2에 동물실험을 실시한 화장품 등의 유통판매를 금지하는 내용이 담겼다. 하지만 우리나라 화장품법은 화장품 수출을 위한 경우의 동물실험과 화장품 수입국에서 동물실험을 거친 경우의 유통을 예외적으로 허용하고 있어 향후 개정이 필요하다.

또한 실험동물 대상을 엄격히 제한하려는 현행 법의 취지를 교묘히 피해가려는 시도도 주의 깊게 봐야 한다. 앞서 말했듯, 유기동물은 원칙적으로 실험동물로 이용할 수 없다. 하지만 동물보호법은 질병관리 연구 등 농림축산식품부령으로 정한 바에 따라 승인받은 경우엔 유기동물을 대상으로 한 실험을 허용하고 있다.

또한 실험동물법 적용 대상엔 대학과 같은 교육기관이 포함되어 있지 않다. 이 같은 점을 이용하여 방치된 여러 유기동물을 대학에 연구 목적으로 기증할 것을 검토한 사례가 있었다. 이와 관련해 최근 수의학과 같은 교육시설 내 실습용 동물실험에 대해서도 실험동물법을 적용하도록 하는 실험동물법 일부개정 법률안이 제출됐다. 이에 대한 조속한 입법 절차가 필요해 보인다.

# 동물복지 없는 동물원수족관법이 된 이유

주말 나들이로 혹은 학교에서 소풍으로, 많은 사람들이 동물원을 찾는다. 나도 어렸을 적 돌고래가 물 위로 뛰어오르는 환상적인 장면을 기대하면서 부모님께 동물원에 데려가 달라고 조르곤 했다. 그러다 창살 넘어 보이는 동물의 눈에서 슬픔과 절망을 느꼈던 어느 순간, 동물원은 설렘의 공간이 아닌 동심 파괴의 공간이 되어버렸다.

## 이제야 겨우 통과된 동물원수족관법

동물원은 다양한 종의 동물들을 일정한 공간에 가두고 사람들에게 '보이도록' 하는 공간이다. 그렇기 때문에 동물원에서는 동물의 복지와 생명에 대한 존중이 얼마든지 위태로워질 수 있고, 각종 안전사고의 위험성도 배제할 수 없다.

그럼에도 2016년 5월, 19대 국회에서 동물원 및 수족관 관리에 관한 법률(이하 동물원수족관법)이 통과되기 전까지 우리나라는 동물원이나 수족관을 관리하기 위한 독립적인 법규를 가지지 못하고 있었다. 그 이전에는 박물관 및 미술관 진흥법이나 자연공원법 등에서 부분적으로 일부 동물원에 관한 규정을 두고 있을 뿐이었다.

그러다가 19대 국회 마지막 본회의에서 겨우 동물원수족관법이 통과되었고, 2016년 5월 30일 발효되기에 이르렀다. 그동안 무분별하게 난립해왔던 동물원을 일정한 기준에 따라 등록하게 하고, 휴·폐원 시 적정한 조치를 취하게 하며, 동물원에서 사육되는 동물에 대한 학대 금지를 명시하는 등 동물원을 국가의 관리 범주 내에 들어오게 하는 최소한의 조치를 취했다는 점에서 환영할 만한 일이었다.

그러나 동물원수족관법이 발의될 때 주된 이슈였던 '동물원 동물에 대한 복지와 학대방지'에 관한 규율로는 부족하다는 느낌을 지울 수 없다.

### 가장 중요한 목표인 동물 복지는 어디로

동물원수족관법 제1조를 보면 "이 법은 동물원 및 수

족관의 등록과 관리에 필요한 사항을 규정함으로써 동물원 및 수족관에 있는 야생생물 등을 보전·연구하고 그 생태와 습성에 대한 올바른 정보를 국민들에게 제공하며 생물 다양성 보전에 기여함을 목적으로 한다"라고 규정하고 있다.

다시 말해서 이 법의 목적은 "야생생물 등의 보전·연구, 국민들에 대한 정보 제공, 생물다양성 보전"으로, 장하나 의원안이 "이 법은 동물에 대한 인간의 책임을 바탕으로 동물원의 설립과 운영에 필요한 사항 및 동물원에서의 동물의 사육에 관한 사항을 규정함으로써 동물원을 건전하게 관리하고 동물원 내 사육 동물의 복지를 증진함을 목적으로 한다"라고 하여 동물원 동물에 대한 인간의 책임과 동물의 복지 증진을 그 목적으로 했던 것과 대조된다.

실제로 실행된 동물원수족관법을 잘 살펴보면 동물의 '복지'라는 단어를 찾아볼 수 없다. 어린이대공원에서 사육사가 맹수에게 공격당하는 사고가 발생하는 한편, 국내 한 동물원의 바다코끼리 학대 영상이 공개되고, 지방의 군소 동물원에 있는 동물들은 물과 사료를 제대로 공급받지 못한 채 방치되는 상황에서 동물원과 수족관에 갇힌 채 살아가는 동물들의 복지를 향상시키는 것보다 '야생생물 등의 보전·연구 및 그 생태와 습성에 대한 올바른 정보를 국민들에게 제공'하기 위한 인간 중심적 시각에서의 행정적 관리를 위주로 한 법률이라는 비판을 면하기 어려워 보인다.

처음 시행된 제정법이니만큼 많은 수정과 보완이 필요하다. 인간의 유희를 위해 자신의 의지와 상관없이 동물원 또는 수족관에 갇히게 된 생명들에 대한 처우를 법적으로 보호할 근거가 마련되었다는 제정 당시의 평가가 무색해지지 않게 하려면 어떻게 해야 할까. 앞으로의 개선 방향을 법률의 본질적 목적을 분명히하고 실효적인 관리체계의 구축을 중심으로 논의되어야 할 것이다.

# 포획은
# 불법이지만
# 돌고래 쇼가
# 계속되는 이유

2017년에 방영된 케이블 방송 tvn의 『신서유기 외전 - 꽃보다 청춘』에서 화제가 된 장면이 있었다. 바로 아이돌 그룹 '위너'가 야생 돌고래 투어를 하는 도중에 만난 광경이다. 넓은 바다에서 엄마 고래와 함께 몇 번이고 점프를 연습하는 아기 고래의 모습을 볼 수 있었다.

방송을 보고 있으니, 그보다 몇 년 전 화제가 된 돌고래가 떠올랐다. 지금은 제주 앞바다를 자유롭게 헤엄치고 있을 제돌이가 바로 그 돌고래다. 제돌이는 제주 바다에서 불법으로 포획되어 서울대공원 돌고래 쇼에 이용되었고, 지금은 많은 사람들의 응원과 민관의 협력으로 인해 제주 바다로 돌아갔다.

그런데 불법 포획된 돌고래들이 어떻게 서울시가 운영하는 서울대공원의 돌고래 쇼에 이용될 수 있었던 걸까? 사실 1997년 이전까지는 수산자원보호령 제27조 및 수산청고시 제85-17호 고래포획금지에 관한 고시에 의하여 과학적 조사를 목적으로 정부로부터 허가를 받은 경우를 제외하고는 고래의 포획을 전면 금지하고 있었다.

### 수산청고시 제85-17호, 고래포획금지에 관한 고시 및 부칙

수산자원보호령 제27조의 규정에 의거 고래포획금지에 관하여 다음과 같이 고시한다.

1985년 12월 31일

### 고래포획금지에 관한 고시

우리나라의 동해, 서해 및 북위 25도선 이북, 동경 140도선 이서의 해역에서는 고래를 포획하지 못한다. 다만, 과학적인 조사를 목적으로 정부로부터 허가를 받은 경우에는 그러하지 아니하다.

**부칙** 이 고시는 1986년 1월 1일부터 시행한다.

그런데 서울대공원과 퍼시픽랜드 등에서는 1990년경부터 불법 포획한 돌고래를 이용하여 돌고래 쇼를 운영하고자 했고,

실제로 불법 포획한 돌고래들을 이용해 돌고래 쇼를 지속하고 있었다(이 불법 포획을 이유로 대법원은 퍼시픽랜드에 대해 수산업법 위반을 이유로 한 유죄판결을 확정했다).

그리고 그들의 불법적인 노력(?) 때문인지 1997년 12월 23일, 해당 고시가 개정되어 돌고래류에 대해서는 과학적인 조사와 국민 정서에 필요한 교육 및 관람용 목적으로 정부로부터 승인을 받은 경우에는 고래의 포획이 가능하게 되었다.

### 해양수산부 고시 제1997-109호, 고래포획금지에 관한 고시 및 부칙

수산자원보호령 제27조의 규정에 의한 고래포획 금지에 관하여 다음과 같이 개정·고시합니다.

1997년 12월 23일

### 고래포획금지에 관한 고시

우리나라의 동해, 서해 및 북위 25도선 이북, 동경 140도선 이서의 해역에서는 고래를 포획하지 못한다. 다만, 돌고래류에 대해서는 과학적인 조사와 국민정서에 필요한 교육 및 관람을 목적으로 정부로부터 승인을 받은 경우에는 그러하지 아니하다.

**부칙** 이 고시는 고시한 날부터 시행한다.

애당초 허가받은 과학적 조사 목적을 제외한 모든 돌고래 포획은 '불법'이었지만, 특정 집단의 이윤 추구를 위해 어느새 돌고래 쇼 목적의 돌고래 포획까지 '합법'이 되어버린 것이다. 그리고 이 조항은 제돌이가 바다로 돌아간 이후인 2016년 6월 21일 해양수산부 고시가 개정될 때까지 남아 있었다. 참고로 현재는 고래자원의 보존과 관리에 관한 고시(해양수산부고시 제2016-76호)에 의해 과학적 조사 및 연구 또는 치료 및 생존 강화 등의 목적을 위한 돌고래 포획만이 허용되고 있다.

돌고래 쇼를 위한 포획은 금지되었지만, 한화아쿠아플래닛, 제주 퍼시픽랜드 같은 기업들은 여전히 남아 있는 돌고래와 수입해온 돌고래를 이용해 돌고래 쇼를 계속하고 있다.

그중 돌고래 쇼를 운영하고 있는 제주 퍼시픽랜드는 2017년 11월 5일부터 12월 17일까지 리모델링 공사를 진행하면서, 사육 중인 돌고래들을 어떠한 보호조치도 하지 않은 채 공사가 이루어지는 공연 수조에 방치하고 있다. 인간 청력의 4배를 갖고 있다고 알려진 돌고래들이 퍼시픽랜드의 무차별적인 공사 소음과 진동, 분진 등에 무방비로 노출되어 있는 것이다.

이는 동물원수족관법 제6조(적정한 서식환경 제공) 의무 위반 행위일 뿐만 아니라 동물보호법상 동물학대 행위에 해당한다.

**동물원 및 수족관의 관리에 관한 법률**

**제6조(적정한 서식환경 제공)** 동물원 또는 수족관을 운영하는 자는 보유 생물에 대하여 생물종의 특성에 맞는 영양분 공급, 질병 치료 등 적정한 서식환경을 제공하여야 한다.

**동물보호법**

**제2조(정의)** 이 법에서 사용하는 용어의 뜻은 다음과 같다.

1의2. "동물학대"란 동물을 대상으로 정당한 사유 없이 불필요하거나 피할 수 있는 신체적 고통과 스트레스를 주는 행위 및 굶주림, 질병 등에 대하여 적절한 조치를 게을리하거나 방치하는 행위를 말한다.

그러나 제주 퍼시픽랜드가 이와 같은 법령상 의무를 위반했음에도 불구하고 현재로서는 적절한 처벌 조항이 존재하지 않는 것도 현행 법령이 가진 한계점이다.

우리는 과거 돌고래에 무지했기에 돌고래 쇼를 위한 포획을 허용하는 법령을 방치했고, 그 결과 제돌이를 만들어냈다. 그리고 돌고래에 대해 차츰 알아가며 제돌이를 다시 고향으로 돌려줄 수 있었고, 돌고래 쇼를 위한 포획을 금지하는 법령을 다시 만들 수 있었다.

    지금까지의 경과를 살펴보면, 법령이 항상 옳은 것이 아니라는 것, 일부 집단 또는 기업의 이윤을 위해 법이 개정될 수도 있다는 것을 알 수 있다. 그리고 동시에 동물의 권리를 고민하고 보호하고자 하는 사람들이 함께 모여 의견을 낼 때, 동물의 권리를 더욱 보호하는 방향으로 법령이 변화할 수 있다는 희망도 갖게 된다.

    끝없는 바다에서 자유롭게 헤엄치던 돌고래는 지금 협소한 제주 퍼시픽랜드 공연 수조에 갇힌 채 공사 소음에 고통받고 있다. 지금 우리가 퍼시픽랜드의 작은 수조에 갇혀 있는 돌고래를 위해 할 수 있는 일은 무엇일까 생각해본다.

# 호랑이도
# 4.2평이면 된다고요?
# 사람도 못 버틸 유리 감옥
# '실내 동물원'

"나는 태양 아래 드넓은 자연을 뛰어다니며 살았다. 그러나 지금은 형광등 불빛 밑에서 좁고 더러운 시멘트 바닥과 유리로 둘러싸인 감옥에 갇혀 있다. 너무나 갑갑하지만 어쩔 수 없다. 옆방의 반달가슴곰은 스트레스를 못 이겨 유리벽을 마구 할퀴고 있다. 나도 하루 종일 공허하게 누워 있거나 의미 없이 제자리만 돌고 있다. 그런 나를 보는 것이 뭐가 좋은지, 사람들은 유리에 붙어 손가락을 들이대고 사진을 찍는다. 나에게는 잠깐 은신하여 쉴 공간도 없다. '우와, 호랑이다!' 사람들은 셀카 몇 장을 찍고 유유히 사라진다. 영업시간이 끝나면 불이 꺼지고, 암흑이 찾아온다. 이 긴 지루함은 언제 끝이 날까. 다시 자연 속에서 마음껏 달려볼 수 있을까. 나는 동물원 호랑이다."

동물원이라고 하면 흔히 어릴 적 한두 번씩 가본 야외 동물원을 떠올리게 된다. 그런데 최근 우리나라에는 라쿤 카페, 미어캣 카페부터 반달가슴곰, 호랑이, 사자, 재규어와 같은 활동 반경이 큰 동물들까지 '실내'에 전시하고 체험하게 하는 다양한 형태의 동물원이 생겨나고 있다. 보유 종도 점점 다양해진다. 멸종위기에 처한 야생동식물의 국제거래에 관한 협약CITES 부속서 3종에 해당하는 은여우, 코아티도 있다.

CITES는 부속서 1종에 해당하는 동식물은 상업적 거래를 금지하고, 2종과 3종의 경우 환경부장관의 수출입허가를 받도록 하고 있지만, 이러한 허가를 받지 않고 암암리에 거래하는 경우가 많다. 우리나라에서 보기 드문 종들을 어찌어찌 들여와 자체 번식도 하는 것으로 추정된다. 이런 경우 생태계 교란은 물론이고, 인수공통질병의 위험도 다분하다는 것이 전문가들의 의견이다. 하지만 법에서 정해놓은 것이 없어, 그야말로 '운영하기 나름'이다. 최소 자본의 최대 효율이라는 영리 목적 앞에 사육환경은 점점 처참해진다. 갇혀 있는 동물의 입장에서는 어떨까, 고민하게 되었다.

자유를 빼앗긴 고통도 크지만, 그 구속의 대가로 지급받는 3평 남짓 유리감옥은 참담하다. 스트레스를 극대화하는 이런 환경 속에서 동물들이 정형행동을 보이고, 자신의 새끼와 사육사를 공격하고, 야생에서 누리는 평균 수명의 절반도 채우지 못한 채 죽는 것은 어찌 보면 당연하다. 최소한 동물이 스트레스를 덜 받고 생활할 수 있으려면 적정한 규모의 면적과 각자 습성에 알맞은 사육환경이 제공되어야 한다. 이는 반드시 동물에 대한 동정심에 기인하지 않더라도, 동물들의 '존속'을 위해서 반드시 필요하다.

동물원 동물의 존속과 복지가 대두되자 (더욱 정확하게는 관람객들이 열악한 동물들의 모습을 보기 불편해하자) 세계 여러 나라의 동물원들은 야생동물과 멸종위기종 보전이라는 푯말을 앞세우고 일명 '생태적인 전시 기법'을 고안해냈다. 아무리 멋진 말로 포장해도 야생동물의 입장에서 갇혀 사는 것이 좋을 리 없겠지마는, 어찌 되었건 가급적 야생과 흡사한 환경을 동물들에 제공해주려고 하는 것이 국제적인 추세다.

이에 따라 많은 나라에서 법적으로 동물원을 관리하고 동물의 복지를 위해 사육환경을 규제하고 있다. 예를 들어, 영국은 동물원 면허 법(Zoo Licensing Act 1981)에서 동물원을 '야생동물 전시를 목적으로 연중 7일 이상을 대중에 개방하는 시설'로 폭넓게 정의하고, 지방 정부로부터 면허를 받도록 규정한다. 면허 발급 전과 후, 환경식품농촌부DEFRA가 제시한 기준Secretary of State's Standards of Modern Zoo Practice의 충족 여부가 심사되는데, 이 기준은 생물다양성, 서식지 특성과 동물 복지를 고려한 환경을 제공할 것을(심지어 안전한 먹이 급여 방법까지 세세하게) 제시하고 있다.

한편, 미국은 동물복지법Animal Welfare Act을 통해 연구, 전시 목적으로 이용되는 동물의 인도적 대우를 규정하고 있으며, 민간단체인 미국동물원수족관협회(AZA)가 동물원의 서식 환경, 사회적 그룹 유지, 동물 치료 및 교육 등 동물원을 평가하는 '동물원 인증제'를 실시하고 있다. 스위스 역시 동물원과 야생동물의 정의를 폭넓게 규정하면서 동물원 운영의 경우 허가를 받도록 하고, 개인이 기를 수 있는 야생동물의 종을 제한한다.(Swiss Animal Protection Ordinance) 동물원은 동물의 종에 따라 최소한의 면적 요건까지 규정하고 있다. 예를 들어 호랑이의 경우, 두 마리당 80제곱미터의 면적, 240세제곱미터의 부피를, 실내의 경우 30제곱미터의 면적, 90세제곱미터의 부피를 최소한도로 요구하고 있다.

우리나라의 경우는 어떨까. 2017년 5월부터 동물원수족관법이 시행되고 있으나 정작 동물원의 사육환경을 적절히 관리, 제재할 수 있는 규정이 없다. 동물원의 정의 또한 '야생동물 또는 가축을 10종 이상 또는 50개체 이상 보유 및 전시하는 시설'로 되어 있어, 법망을 피해 생겨나는 동물 카페, 동물체험시설 등 소규모 야생동물 전시 시설에 대한 관리도 불가능하다.* 더구나 허가가 아닌 '등록'만을 요구하고 있어 동물원의 설립, 운영 기준이 낮고 심지어 그 기준에도 동물의 특성에 맞는 적정한 서식 환경이나 최소한의 면적 기준과 같은 사항은 빠져 있다.

한편, 야생생물법은 야생동물의 사육시설 면적 기준을 정해 놓았지만 일부 국제적 멸종위기종에 한하여 적용되고 있고, 실내외 구분 없이 일률적으로 정하고 있으며 최소 면적도 다소 좁다. 예를 들어 호랑이의 경우, 한 마리당 넓이 14제곱미터, 높이 2.5미터를 규정하고 있을 뿐이다.

야생동물의 자유를 구속한다면 그에 합당한 복지를 제공해야 한다. 현존하는 동물원과 또 앞으로 생겨날 동물원이 동물과 사람의 올바른 관계를 정립하고 제대로 된 생태교육을 제공하려면, 어떠한 기준으로 운영할지 진지하게 고민해야 한다. 향후 동물원수족관법은 소규모 동물원까지 포섭할 수 있도록 관련 규정을 정비해야 한다. 나아가 서식 환경과 복지, 안전 기준을 상세하게 정립하고, 영리 목적 동물원의 경우 원칙적으로 모두 '허가'를 받도록 함으로써 국가가 적절하게 관리, 감독하는 것이 타

참고로 카페에서 라쿤, 미어캣 등 야생동물을 전시하는 형태의 영업(야생동물 카페)을 규제하기 위해 현재 일명 '라쿤카페 금지법(야생생물 보호 및 관리에 관한 법률 개정안)'이 발의되어 국회에 계류 중이다. 개정안에 따르면 식품접객 업소로 등록된 시설은 포유류, 조류, 파충류, 양서류에 속하는 야생동물을 영리 목적으로 전시할 수 없으며, 관련 업체는 법 공포 후 3개월 이내에 보유 동물 현황과 적정 처리계획 등을 환경부장관에게 신고해야 한다.

당하다고 본다.

　이런 변화를 이끌기 위한 열쇠는 바로 우리가 가지고 있다. 동물원 등에 동물 복지와 처우를 개선하도록 요구하고, 법령 개정을 위한 청원을 하는 등 직접적이고 적극적인 방법도 있을 것이다. 그러나 무엇보다도 갇힌 동물의 입장에서 생각하고 공감해보는 것이 변화의 첫걸음이 아닐까.

# 돌고래 태지를
# 포기하지 맙시다

2017년 4월 21일, 서울시와 해수부가 서울대공원 남방큰돌고래 금등이, 대포에 대한 야생방사 결정을 하면서 서울대공원의 돌고래 쇼가 폐지되었다. 당시 남방큰돌고래가 아니라는 이유로 야생방사에서 제외된 태지(큰돌고래)는 돌고래 쇼를 하지 않는다는 조건으로 위탁을 자처한 제주 퍼시픽랜드로 이송되어 지금까지 제주 퍼시픽랜드에서 지내고 있다. 불과 며칠 뒤인 2018년 12월 31일, 서울시와 퍼시픽랜드가 맺은 태지의 위탁 사육 계약이 종료된다. 문제는 이대로 계약이 종료되는 경우 서울시와 퍼시픽랜드의 계약 내용에 따라 태지는 그대로 퍼시픽랜드의 소유가 된다는 것이다.

태지가 퍼시픽랜드 소유로 넘어가면 퍼시픽랜드의 다른 돌고래들과 마찬가지로 쇼를 하는 돌고래로 살아가야 하며, 앞으로 태지가 잘 살 수 있는 좋은 장소가 생긴다고 해도 마음대로 이송시킬 수도 없다. 이 지점에서 2011년 퍼시픽랜드가 돌고래 불법 포획에 따른 수산업법 위반으로 검찰에서 기소된 이후에도 굴하지 않고 몇 해에 걸쳐 불법 포획된 돌고래의 소유권을 주장하며 돌고래 쇼를 계속하려 했던, 그리하여 결국 한 마리를 폐사에 이르게 했던 곳이라는 불편한 사실을 떠올리지 않을 수 없다.

　　핫핑크돌핀스를 비롯한 여러 시민단체들은 연일 태지의 소유권을 퍼시픽랜드로 넘길 경우 그동안 돌고래의 생을 보호하기 위한 서울시와 여러 시민단체들의 노력이 물거품이 되고 말 것이라고 격렬한 비판의 목소리를 내고 있다. 퍼시픽랜드가 그간 보여온 행적을 봤을 때 이러한 시민단체들의 반응은 당연한 것으로 보인다.

　　야생에서 포획되는 과정에서 돌고래는 작살에 찍히고 덫에 살이 찢기며 시각, 청각 등 신경을 자극하는 여러 수단에 의해 극심한 고통을 받는다. 그리고 이처럼 불법 포획된 이후에도 고통은 멈추지 않고 돌고래 쇼를 하면서 훈련이나 쇼 진행 과정에서 감당하기 힘든 신체적, 정신적 학대를 받는다. 여러 돌고래 전문가들은 한목소리로 돌고래 쇼를 하면서 돌고래가 받는 스트레스는 온전한 정신 상태를 유지할 수 없게 할 정도의 것이라고 한다.

다행히 제돌이 야생방사를 계기로 우리나라는 돌고래에 대한 중대한 학대 행위인 불법포획, 그리고 돌고래 쇼를 그만둬야 한다는 점에 대해 어느 정도 사회적 합의를 이뤄냈고, 결국 서울대공원의 상징과도 같았던 돌고래 쇼를 폐지시키는 쾌거를 이뤄내기도 했다. 더 나아가 야생생물 보호에 대한 변화된 인식은 야생생물법 등 관련 법안 개정으로 이어졌고, 이번 달 광주지방법원에서는 제주 서귀포시에서 해양생물 전시·돌고래 쇼 관련 사업을 하는 마린파크가 제기한 일본 야생포획 큰돌고래 수입 불허 처분에 대한 취소소송에서 "야생생물 멸종 예방·자연생태계 보존 위한 공익이 우선"한다는 이유로 원고 마린파크가 패소한 판결이 있었다.

### 야생생물 보호 및 관리에 관한 법률 시행령

제12조(국제적 멸종위기종 등의 수출·수입·반출 또는 반입의 허가) ① 법 제16조 제1항 제3호에 따른 「멸종위기에 처한 야생동식물종의 국제거래에 관한 협약」(이하 "멸종위기종국제거래협약"이라 한다) 부속서별 세부 허가조건은 별표 1과 같다.

국제적 멸종위기종 및 그 가공품의 수출·수입 등의 허가기준(제 12조 제1항 관련)

[수입 또는 반입 허가]

1) 생물에 대한 수출허가서 또는 재수출허가서를 사전에 제출한 경우

2) 생물의 수입 또는 반입이 종의 생존에 위협을 주지 않는 경우

3) 살아 있는 생물의 경우 다음의 기준을 모두 충족할 것

가) 개체에 대한 피해 또는 학대의 위험을 최소화하여 선적될 것이라고 인정될 것

나) 작살, 덫 등 고통이 일정 시간 지속되는 도구를 이용한 포획, 시각·청각 등의 신경을 자극하는 포획 또는 떼 몰이식 포획 등 잔인한 방법으로 포획되지 않았을 것

다) 해당 생물의 개체군 규모가 불명확하거나 감소 중인 지역에서 포획되지 않았을 것

이 판결에서 주목할 점이 하나 있다. 해당 판결이 마린파크에 대한 수입 불허 처분 이후인 2018년 3월 27일에 새로 개정된 시행령 내용, 즉 다음과 같은 '국제적 멸종위기종 수입 허가기준'에 추가된 내용을 근거(국내 동향)로 제시하며 일본에서 불법 포획된 큰돌고래를 수입하고자 했던 마린파크에 대한 수입 불

허 처분이 정당하다고 판단을 내렸다는 점이다.

돌고래 역시 인간처럼 살아 있는, 고통을 느끼는 생명체이다. 이러한 인식을 기본으로 하여 시작된 돌고래 불법 포획의 금지와 돌고래 쇼 폐지에 대한 사회적 합의, 그리고 그러한 최근의 흐름을 보여주는 관련 법 개정과 판결 등 좋은 변화들을 보고 있노라면, 썩 기분이 좋다. 우리 사회가 인간성을 찾아가는 과정이라는 생각이 들기 때문이다.

일본에서 온 돌고래 태지는 큰돌고래라는 종의 특성으로 말미암아 우리 바다에 야생 방사를 하면 돌고래 무리와 어울릴 수 있을지 불투명하고, 제한 없는 야생 방사 시 생태계 교란의 우려가 있다고도 한다. 이런 이유로 태지를 무작정 야생 방사할 수는 없는 상황이다. 그렇다고 퍼시픽랜드에서 돌고래 쇼를 하게 둘 수도 없다. 그렇다면 제3의 방안을 찾아서라도 태지가 살 수 있게 해줘야 할 것이다. 이와 관련하여 2017년 7월 여러 시민단체들로 구성된 돌고래바다쉼터추진위원회가 발족되어 태지를 지키기 위해 여러 활동을 하고 있다.

야생생물법은 "야생동물은 현세대와 미래세대의 공동자산임을 인식하고 현세대는 야생생물과 그 서식 환경을 적극 보호해 그 혜택이 미래세대에게 돌아갈 수 있도록 해야 한다"라고 정하고 있다. 또한 "국가는 야생생물의 서식 실태 등을 파악해

야생생물 보호에 관한 종합적인 시책을 수립·시행하고, 야생생물 보호와 관련된 국제협약을 준수하고, 관련 국제기구와 협력해 야생생물 보호와 서식 환경 보전을 위해 노력해야 한다"라고 규정하여 국가의 야생생물 보호 의무를 명문화하고 있다.

돌고래 쇼를 시킬 것을 뻔히 알면서 태지를 퍼시픽랜드의 소유로 넘기는 것은 이와 같은 국가의 야생생물 보호 의무를 위반하는 것이라고 할 수 있을 것이다. 그렇다면 한국 정부는 캐나다, 미국, 이탈리아 등 다른 국가들이 하고 있는 것처럼 돌고래 바다쉼터를 만들어 그곳에서 태지가 지낼 수 있도록 하는 등 방법을 강구하여 태지를 보호해야 할 것이다.

국가(또는 지방자치단체)는 태지의 생을 지킬 방법이 마련될 때까지 태지를 포기하면 안 된다. 2019년 11월 현재 태지는 앞으로 돌고래 바다쉼터를 마련하거나 야생방류 등 대안이 마련되기까지 (공연을 하지 않는 조건으로) 퍼시픽랜드 수조에서 지내고 있다.

# '고기가 아닌 생명'으로, 축산법 개정이 필요한 이유

2015년경부터 실태조사를 위해 동물권행동 카라와 수의사, 해당 지역 시 공무원과 함께 전국 곳곳의 개 농장을 다녀보았다. 일단 출입구에 들어가기 전부터 썩은 음식물 쓰레기 냄새가 코를 찌른다. '읍' 하는 소리와 함께 코를 막으려던 순간, 눈에 들어온 모습을 보곤 무언가 날카로운 물건으로 가슴을 찔리는 듯 아팠다. 개 농장에 들어선 순간 먹을 거라곤 썩은 음식물 쓰레기뿐인 뜬장 위에서 상처투성이인 발로 서서 꼬리를 치며 최대한 가까이 다가오려고 하는 어미 개와 강아지들이 눈에 들어왔기 때문이다.

눈을 마주치며 교감을 하는 동물들이 갇혀 있는 곳이 개 농장뿐이랴. 개가 아닌 소와 돼지들이 키워지고 도살되는 곳 역시 참혹하기는 마찬가지이다. 그래서인지 이런 말을 듣곤 한다. "나는 개고기를 먹지는 않지만, 유독 개고기만 법으로 금지하는 것은 반대한다"고. 실제로 여론조사에서 개고기 식용금지법을 반대한다는 의견이 절반을 넘어섰다. 특이한 점은 개고기를 먹는다거나 이를 좋게 본다는 의견은 현저히 낮은 비율이라는 것이다.

이러한 결과에 비추어보건대, 사람들은 자신이 개고기를 먹기 때문이라는 이유보다 누군가 먹는 음식에 대해 반대를 표하는 것 자체에 거부감을 느끼는 것 같다. 타인의 취향, 가치관은 마땅히 존중해야 하지만, 그 '타인'이 오직 인간에 한정되어야 하는 것일까? 인간의 취향과 가치관은 절대적으로 존중받아야 한다고 생각하는 반면 어떤 취향과 가치관보다도 절실한 '생명을 빼앗기는 일'에 대해서는 왜 이토록 무감각한 걸까.

축산법은 사람이 가축을 이용하기 위해 사육하는 과정에 관한 법률로, 현행 법에 따르면 개는 가축이다. 그러나 축산물의 위생적인 관리와 그 품질의 향상을 목적으로 하는 축산물위생관리법이 정하는 가축에는 개가 포함되지 않는다. 즉 가축을 도살, 가공, 유통하는 과정을 규율하는 축산물위생관리법이 적용되지 않음에도 그동안 개도살은 공공연히 이루어지고 있던 것이다.

**축산법 시행규칙**

제2조(가축의 종류) 「축산법」(이하 "법"이라 한다) 제2조 제1호에서 "그 밖에 농림축산식품부령으로 정하는 동물 등"이란 다음 각 호의 것을 말한다.

1. 노새·당나귀·토끼 및 개

2. 기러기

3. 꿀벌

4. 그 밖에 사육이 가능하며 농가의 소득증대에 기여할 수 있는 동물로서 농림축산식품부장관이 정하여 고시하는 동물

　

이러한 현실에서 적어도 합법적으로 유통되지 않는 동물에 대해서 적용되는 법률을 제대로 정비하자는 의도로 이상돈 의원을 대표로 축산법 일부 개정안이 발의되었다. 현행 축산법은 가축을 '소·말·면양·염소(유산양을 포함한다. 이하 같다)·돼지·사슴·닭·오리·거위·칠면조·메추리·타조·꿩, 그 밖에 농림축산식품부령으로 정하는 동물動物 등'으로 정의하고 있다. 그리고 농림축산식품부령에서 정하는 동물에는 '개'가 포함되어 있다. 이상돈 의원이 대표 발의한 축산법 일부 개정안은 농림축산식품부령에서 "개"를 제외해, 가축을 '개를 제외한 대통령령으로 정하는 동물'로 새롭게 정의하려는 것이다.

물론 이와 같은 개정으로 개의 사육두수가 제한되거나 대량

사육이 강제적으로 금지되는 것은 아니다. 그러나 적어도 우리가 개를 축산물로 만들어질 가축 또는 먹는 존재로 인식함을 허용하고서 그 후속조치에 대해서는 말이 없던 법률이 정합성을 갖추고 체계를 갖춘다는 점에서 반드시 선행되어야 할 법 개정이다.

이 축산법 일부 개정안에 대해 반대로 개를 축산물위생관리법에 넣자는 의견도 있다. 도살에 관한 법률에 개가 빠져 있는 것이 문제이니 개를 관련 법에 포함시키자는 것이다. 하지만 이 의견에 따른 개정은 안 그래도 현재 문제가 심각한 공장식 축산의 피해 동물을 더 늘리는 결과를 낳을 수 있다.

많은 사람들이 동물을 공장식으로 처참하게 사육하는 방식이 인간에게도 이롭지 않다는 것을, 그래서 해결해야 할 문제라고 인식하고 있다. 동물복지 축산물에 대한 구매의사를 가진 사람들의 비율은 92퍼센트로 절대적으로 높고, 비교적 높은 가격을 고려하더라도 이를 구매하겠다는 사람들 역시 많은 비중(63퍼센트)을 차지한다.

이런 조사결과는 식품의 안전성을 추구하기 때문이든, 동물의 복지를 우선하는 마음이든 간에 아무리 식용으로 이용되는 가축이라 하더라도 살아 있는 동안의 사육환경을 개선해야 한다는 점에 대해서는 절대적인 공감대가 형성되어 있음을 보여준다. 이처럼 많은 이들이 문제로 여기고 있는 사안을 축산물위생관리법을 개정하면서까지 늘려나갈 필요는 없지 않은가.

결국 이상돈 의원이 대표 발의한 축산법 일부 개정안은 개 도살을 금지하는 의미를 담고 있지만, 크게 보자면 사각지대에 있는 한 종의 생명이라도 인간과 함께 살아갈 수 있게 정책 방향을 잡음으로써 '생명의 가치를 존중하고 지속 가능한 사회로 나아가자'는 의미를 담고 있다. 그리하여 이번 축산법 개정안은 합법적으로 죽임을 당하고 있는 동물들에 대해서도 그들이 단지 '고기'가 아닌 살아가기 위해 태어난 '생명'임을 인식하는 사회를 만들어나가는 시작이 될 수 있을 것이다.

# 4부.

## 야생동물과 함께 사는 법

# 산타 썰매 끄는
# 루돌프도
# 로드킬이 두렵다

매년 크리스마스 즈음이면 곳곳에서 캐럴이 들려온다. 그 대표곡 중 하나가 '루돌프 사슴코'이다. 여기서 문제 하나! 루돌프는 사슴일까? 사슴코라는 제목 때문에 루돌프의 종이 이제까지 사슴인 줄만 알고 있었다. 루돌프에 대해 궁금증이 생겨 찾아보니 결과 루돌프는 순록(사슴과)이었다.

그리고 추가적으로 알게 된 사실도 있다. 순록이 핀란드나 노르웨이에서 평화롭게 풀을 뜯고 있다가 크리스마스 때가 되면 썰매를 끌고 내려와주는 줄 알았으나, 매년 200~600마리의 순록이 기찻길에서 사고사하고 있다는 소식*이었다.

한편 영화 〈부산행〉(감독 연상호)은 트럭이 고라니를 로드킬

(Road Kill, 동물 교통사고)하고, 곧이어 고라니는 좀비가 되는 것으로 시작하며, 영화 〈겟 아웃Get Out〉(감독 조던 필레)에서 사슴이 로드킬당하는 장면은 주인공 크리스가 앞으로 겪게 될 시련을 암시하는 것으로 나타난다. 이렇듯 영화의 한 장면을 손쉽게 장식할 정도로 로드킬은 낯설지 않은 일이 되었고, 실제로 운전을 하다 보면 한 달에 서너 번은 로드킬당한 동물 사체를 보게 된다.

이제 이 글에서 하고 싶은 말이 어떤 것인지 대충 감을 잡았을 것이다. 바로 로드킬 예방법에 관한 이야기다. 로드킬이 빈번하거나 야생동물이 출현하는 구간에서는 속도를 줄이고, 안전거리를 확보해야 한다. 도로에 동물이 갑자기 나타난 경우에는 상향등을 켜는 것은 금물이고, 대신 경적을 울리면서 동물이 차를 피하도록 해야 한다. 상향등을 켜면 동물의 시각을 일시적으로 마비시킬 수 있고, 불빛을 보고 놀라 동물이 멈춰버리는 습성이 있기 때문이다.

야생생물법 제4조에서는 '국가는 야생생물 보호에 관한 종합적인 시책을 수립·시행해야 하고, 국민은 야생생물 보호를 위하여 노력해야 한다'고 추상적인 의무에 대해 규정하고 있고,

● "지구촌 '동물 수난 시대'", 〈세계일보〉, 2017. 11. 28.

제8조에서는 야생동물의 학대 금지를, 제14조와 제19조에서는 야생생물의 포획·채취 금지 등에 대해 규정하고 있으나, 로드 킬에 관한 구체적인 법률 조항은 없어 그에 대한 입법이 필요한 상황이다.

매년 도로가 증가하면서 덩달아 로드킬도 증가하고 있고, 현재 생태 이동통로나 유도 울타리 등의 시설을 만드는 방법으로 로드킬을 줄이려고 노력하고 있으나, 아직까지 그 효과는 크지 않다. 모든 예방법이 그렇듯이 우리 모두의 관심과 애정이 있을 때 실효성이 더 커질 것이다.

이제 우리는 둘 중 하나를 선택할 수 있을 것이다. 루돌프가 무사히 썰매를 끌고 내려와 크리스마스 선물을 안겨줄지, 로드 킬로 인해 좀비로 되살아난 루돌프가 우리를 노려보고 있을지. 크리스마스를 맞이하여 루돌프가 나오는 스릴러 영화를 보고 싶지 않은 것이 바람이다.

# 재판에 나선 호랑이, 전래동화에서만 가능한 걸까

　　토끼의 재판이라는 전래동화가 있다. 동화 속에서 호랑이는 원고, 나그네는 피고가 되어 호랑이가 자신을 구해준 나그네를 잡아먹는 것이 타당한 것인지 재판을 받게 된다.

　　1심 재판의 판사인 소는 온종일 일만 시키다가 죽여서는 자신을 고기로 먹는 사람들이 미워 호랑이가 나그네를 잡아먹어도 된다는 내용의 판결을 내린다. 2심 재판의 판사인 여우도 사람이 미워 호랑이가 나그네를 잡아먹어도 된다는 내용의 판결을 내린다. 그러나 3심 재판에 이르러 판사인 토끼가 현장검증을 제안한다. 호랑이가 구덩이에 빠진 상황을 재현하자 나그네는 호랑이를 다시 구해주지 않았고 토끼는 은혜도 모르는 호랑이는 죽어야 한다는 판결을 한다.

이처럼 동물이 재판의 당사자가 된 상황이 전래동화 속에만 있는 이야기 같겠지만 우리 주변에서 실제로 시도하고 노력한 사례들이 있다.

'도롱뇽'은 2003년에 천성산을 관통하는 원효터널 공사에 대한 공사 중지 가처분을 구하는 사건의 채권자였다. 1990년대 정부가 천성산 일대에 경부고속철도 건설 노선을 발표하면서 도롱뇽의 서식지가 파괴될 위기에 처하자 환경단체들은 도롱뇽을 당사자로 하고 도롱뇽의 대리인이 되어 한국고속철도건설공단을 상대로 철도 공사 착공 금지 가처분 신청을 한 것이다. 하지만 법원은 가처분 신청의 타당성 여부를 따지기 전에 도롱뇽이 소송의 주체가 될 수 없다고 판단했다.

'황금박쥐' 또한 소송의 주체로 인정받지 못했다. 2007년 황금박쥐를 비롯한 7종의 박쥐가 사는 서식지가 가금~칠금 도로 확·포장 구역으로 결정되자, 충주환경운동연합과 환경법률센터는 황금박쥐를 원고로 하여 위 구역 결정을 취소해 달라는 내용의 소송을 제기했다. 그러나 청주지방법원은 황금박쥐를 소송의 주체로 인정하지 않았다.

그 이후 소송의 주체로 등장한 동물은 '산양'이었다. 설악산 케이블카 설치를 위해 문화재 현상 변경을 허가해준 것을 취소해 달라는 소송에서 산양이 소송의 당사자가 되었다. 이 행정소송은 서울행정법원 2018 구합 2230호 사건으로 진행했으나, 결국 산양의 소송 주체성을 인정하지 않아 패소했다.

이렇게 법원에서는 동물들의 소송을 인정하지 않는다. 왜일까? 현행 법상 동물의 당사자능력을 인정하는 법조항이 없기 때문이다. 소송법상 당사자가 될 수 있는 능력, 다시 말해 원고와 피고가 되어 소송을 수행할 수 있는 자격을 '당사자능력'이라고 하는데 우리 현행 법에서는 사람과 법인 재단 등에 한해서만 당사자능력을 인정하고 있다.

따라서 법원에서는 동물의 당사자능력을 인정하지 않고 동물이 당사자로 청구하는 부분을 각하하는 경우가 많다. 여기서 '각하'란 청구의 요건을 갖추지 않아 청구가 옳고 그르냐를 따지기 전에 그에 대한 심리를 거절하는 것을 의미한다. 만일 동물의 당사자능력을 인정한다고 하더라도 당장 동물의 의사를 어떻게 확인할 것이고, 동물의 소송행위는 어떻게 이루어질 것인가 하는 문제에 직면하게 된다.

하지만 동물도 하나의 생명체로서 고통을 피하고 학대를 당하지 않고자 하는 의사는 복잡한 의사표현의 결과가 아니라 본성의 일부일 것이다. 그렇다면 동물의 서식처에 터널 공사를 하거나 케이블카를 설치하는 것은 동물의 생명을 위협하거나 고통을 가하는 행위로 이를 피하고자 하는 동물의 의사는 당연히 추정될 수 있을 것이다. 또한 동물의 소송행위는 위와 같은 추정된 의사에 기대어 대리인이나 후견인을 통한 소송 수행이 가능하다. 따라서 동물의 당사자능력을 인정하는 문제는 결국 방법론상의 문제가 아니라 인식론의 문제이고, 동물권과 더불어 동물의 당사자능력 인정을 위한 논의도 필요한 시점이다.

스위스의 경우 헌법에 동물 보호에 관한 조항을 두고 있고, 미국의 경우 하와이 희귀새 빠리야palilla에 대해 소송상 당사자능력을 인정한 사례도 있다. 이러한 외국의 경우와 비교하면 우리나라에서는 동물권, 동물의 소송상 당사자능력 인정 문제에서 아직 걸음마 단계다.

그러나 현재 개헌 논의와 더불어 동물권을 헌법에 규정하자는 시민단체의 활동도 활발히 전개되고 있다. 이런 분위기가 지속되는 만큼 머지않아 우리나라에도 동물의 소송상 당사자능력을 인정받을 수 있는 날이 오기를 기대한다.

# 아기 수달 야생방사 이토록 시끄럽게 할 일인가

이청아 변호사

2018년 4월 9일, 환경부 산하 국립공원관리공단은 그 지난해 지리산에서 발견된 국제적멸종위기종인 수달 수컷 두 마리를 야생방사한다고 밝혔다. 이번에 방사된 아기 수달 두 마리는 지리산에서 구조되어 치료를 받고, 야생적응 훈련을 받은 뒤 다시 자연의 품으로 돌아갔다. 공단은 방사지 주변에 무인 센서 카메라를 설치하여 아기 수달들이 자연에 적응해가는 모습을 지속해서 관찰할 계획이라고 밝혔다.

수달은 모피용으로 남획되면서 국내뿐만 아니라 전 세계적으로 막대한 숫자가 희생되어왔고, 근래에는 수질 오염 등으로 인한 서식지 파괴로 개체수가 급격히 감소해 가까운 장래에 야생에서 멸종 위기에 처할 가능성이 매우 높아 보전이 시급한 종이다. 그러므로 국립공원관리공단이 아기 수달들을 구조하여 치료하고 야생적응 훈련을 마친 후 야생방사를 한 것까지는 너무나도 잘한 일이다. 하지만 그러한 공적(?)을 알리는 과정에서 굳이 구체적인 야생방사 지역까지 만천하에 알릴 필요가 있었을까.

야생생물 보호 및 관리에 관한 법률에는 다음과 같은 규정이 있다.

**야생생물 보호 및 관리에 관한 법률**

제18조(멸종위기 야생생물 등의 광고 제한) 누구든지 멸종위기 야생생물과 국제적 멸종위기종의 멸종 또는 감소를 촉진시키거나 학대를 유발(誘發)할 수 있는 광고를 하여서는 아니 된다. 다만, 다른 법률에 따라 인가·허가 등을 받은 경우에는 그러하지 아니하다.

아기 수달들이 방사된 곳은 말 그대로 야생이자 자연이고, 국립공원관리공단이 설치한 무인 센서 카메라로 촬영하여 아기 수달들을 관찰하며 보호할 수 있는 부분은 그중 일부에 불과하다. 아기 수달 야생방사 소식에 대다수의 국민들은 기뻐하며 그저 그들의 안녕을 빌겠지만, 일부는 아기 수달을 직접 보겠다고 서식지 주변으로 몰려들 수도 있고 특정 밀렵꾼들은 불법 포획 대상인 아기 수달들의 서식지를 알게 되었다며 쾌재를 부르고 있을지 아무도 모를 일이다. 완전한 보호가 불가능한 상황에서 이번에 야생방사된 아기 수달들이 잠재적 위험에 노출되어 버린 것이다.

이처럼 애초 국립공원관리공단이 아기 수달들의 방사 지역을 알리면서 의도한 바가 무엇이었든지 간에 결과적으로 자연 방사한 아기 수달들의 생존에 도움이 되지 않는 일들이 벌어질 가능성이 생겼다. 결국 국립공원관리공단이 국제적 멸종위기종인 수달의 멸종 또는 감소를 촉진하는 내용을 대중에 널리 알렸다고 볼 수도 있는 상황이 되어버린 것이다. 다만 국립공원관리공단이 아기 수달의 야생방사 소식을 알린 것을 두고 상품 등을 팔기 위해 소비자에게 '광고'를 했다고 보기는 어려워 이와 같은 규정을 이 사례에 적용하여 국립공원관리공단이 금지되는 광고 행위를 했다고 보기에는 무리가 있을 뿐이다.


한편 대구시는 최근 도심하천에서 수달이 발견된 것을 계기로 '청정도시'의 이미지를 부각시켜 관광객을 유치하려는 목적으로 수달 캐릭터를 활용한 스마트폰 메신저 이모티콘을 제작해 배포하는 등 적극적인 홍보를 진행하고 있다. 대구시는 특히 2012년 자국 내 야생수달 멸종을 선언한 일본이 대구 신천 수달에 대해 많은 관심을 보이는 등 관광 상품 가치가 크다고 판단한 뒤 '수달 도시, 대구'를 관광상품화하기 위해 분주히 움직이고 있다.

이와 같은 수달 관광상품화의 경우, 단순히 수달의 야생방사 소식을 알린 국립공원관리공단의 경우보다 관광객을 유치하기 위한 '광고'를 하고 있다고 볼 여지가 크다. 그리고 시의 계획대로 수달의 관광상품화가 성공하여 많은 관광객들이 수달을 보기 위해 대구를 방문하는 경우, 수달은 관광객들에 의해 서식지가 오염되는 등 생존을 위협당할 만한 각종 위험에 노출될 것으로 보인다. 그렇다면 대구시가 야생생물법 제18조에 위반하여 국제적 멸종위기종인 수달의 멸종 또는 감소를 촉진하는 광고를 하고 있다고 볼 수도 있다.

그렇지만 현실적으로 이런 광고 행위 등이 야생생물법 제18조 위반으로 검찰에 의해 기소되고 처벌될 가능성은 거의 없다. '멸종 또는 감소를 촉진시키는'이라는 법문 자체가 매우 추상적이어서 사안별로 해석 다툼의 여지가 크고, 이 규정에 의한 구체적 처벌 사례가 없어 검찰이 기소에 부담을 느낄 수밖에 없는 상황이기 때문이다. 실제로 최근 동물학대가 이뤄지고 있는 동물원의 광고에 대해 이 규정 위반을 이유로 한 동물보호단체가 고발을 했으나, 검찰이 불기소처분을 한 바 있다.

이와 같은 야생생물법 제18조의 유명무실화를 방지하기 위해서는 관련 사례 연구를 통해 이 규정을 구체화하는 내용으로 법령의 개정이 이뤄질 필요가 있다. 그리고 향후에는 규정 위반 행위라는 합리적 판단이 드는 경우 검찰의 적극적인 기소가 필요하다. 일단 기소가 되어야 법원의 판단을 받아볼 수 있을 것이고, 그래야 규정에 의해 금지되는 행위가 무엇인지 판단할 수 있는 기준이 제시되어 규정이 실질적 기능을 할 수 있을 것이기 때문이다.

끝으로 국립공원관리공단은 법을 수호하는 공공기관이므로 국제적 멸종위기종을 보호하고 안전히 관리해야 한다는 야생생물법의 입법 취지에 반할 수도 있는, 수달의 구체적 야생방사 지역을 알리는 등의 행위를 자제해야 할 것이다. 대구시의 경우에도 지역경제 활성화를 위한 관광상품을 개발하는 것은 필요한 일이나, 지방자치단체 역시 지역 내에 서식하는 멸종위기 야생동물을 보호할 의무를 지므로 수달의 생존을 최우선적으로 고려하는 관점에서 수달의 관광상품화 정책을 재고해야 할 것이다.

# 야생동물과
# 함께
# 사는 법法

최근 반려인구가 늘어나면서 고양이와 강아지같이 익숙한 반려동물뿐 아니라, 뱀, 라쿤, 북극여우와 같은 독특한 동물들(이하 '야생동물')을 자신들의 공간에서 기르는 사람도 늘고 있다. 동물의 전시 자체를 목적으로 하지 않는다면서도, 식음료 등을 판매하는 사업장에서 야생동물들을 풀어놔 결과적으로 사람들에게 동물을 전시하는 경우도 있다.

야생동물과 함께 생활하려면 동물별로 전문적인 사육지식이 필요하다. 질병 등의 문제가 발생할 경우 대응할 수 있는 체계도 마련돼 있어야 한다. 하지만 이러한 사전 준비 없이 단순한 호기심과 애정만으로 야생동물을 기르다, 동물들을 질병·

유기·사고에 노출시키는 사례가 많다. 야생동물들 개인 차원을 넘어 국제적인 기준에 따른 보호와 공중보건상의 관리가 필요할 때도 있어 이를 규율하는 법률이 필요하다. 하지만 현행 기준은 상당히 미흡한 수준이다.

## 관리 사각지대에 놓인 야생동물

이렇듯 야생생물과 함께 살기 위한 법이 야생생물법이다. 이 법에서는 야생생물을 어떻게 정의할까 살펴보자.

### 야생생물 보호 및 관리에 관한 법률

제2조(정의) 1. "야생생물"이란, 산·들 또는 강 등 자연상태에서 서식하거나 자생(自生)하는 동물, 식물, 균류·지의류(地衣類), 원생생물 및 원핵생물의 종(種)을 말한다.

야생생물법에 따른 야생동물이란, 산이나 들 또는 강 등 자연 상태에서 서식하거나 자생自生하는 동물을 말한다. 고양이와 강아지처럼 인간과 함께 생활하는 것보다, 자연 상태에서 생활하는 것이 더 자연스러운 동물이라는 것이다.

야생생물법은 "야생동물이 사는 서식 환경을 보호하고, 그들이 멸종되지 않도록 보호함으로써 생태계의 균형을 유지하고 인간과 야생동물이 공존할 수 있도록 하는 것"을 목적으로, 국제 멸종위기종에 대한 특별한 보호와 야생동물 일반의 불법포 획을 금지하는 수준의 규율만 있다. 다시 말해, 집이나 사업장에서 발견되는 야생동물들이 불법포획된 동물이거나 국제적 멸종위기종이 아닌 이상, 개인의 야생동물 사육을 직접적으로 막을 수는 없는 것이다. 이렇게 야생동물이 관리 사각지대에서 사육되는 동안, 야생동물로 인한 사고로 인명피해가 발생하거나 그 야생동물이 위험에 처하게 되는 일이 발생했다.

## 야생동물을 위한 입법 노력

이와 관련해, 2017년에 동물보호법 개정안이 발의됐다. 개정안엔 "사람의 생명이나 신체에 위해를 가할 수 있는 동물을 '반려 주의 동물'로 지정하고, 동물의 사육 관리 및 수입을 제한한다"는 내용이 담겼다. 반려 주의 동물을 구입·양도·분양하려는 사람은 사육 관리에 대한 교육을 이수해야 하고, 또 농림축산식품부 장관이 인정하는 부득이한 경우에는 수입을 제한되거나 금지될 수 있다는 내용이다. 즉, 관리 사각지대에 있는 야생동물을 사육하려는 사람이 전문적인 지식을 갖게끔 교육 이수 등을 강제할 수 있게 된 것이다. 또한, 최근에는 일명 '라쿤까페 금지법'으로 불리는 야생생물법 개정안도 발의됐다. 동물원과 수족관 외의 시설에서 야생동물의 영리목적 전시를 금지하고, 식품접객업을 영위하는 업소에서는 야생동물의 사육을 금지하는 내용이다.

해외의 경우를 살펴보면, 야생동물 중 특히 외래유입종의 경우 생태계 교란과 공중위생상의 문제 등이 있어 야생동물 사육을 제한하고 있는 일이 많다. 영국의 위험한 야생동물법 Dangerous Wild Animals Act은 야생동물을 사육하려는 사람은 조건을 갖춰 지방자치단체의 허가를 받도록 규정하고 있고, 미국은 주와 도시별로 희귀애완동물법Exotic Pet Law을 제정하여 개인의 야생동물 소유를 제한하고 있다. 벨기에, 네덜란드, 싱가포르도 개인이 사육 가능한 동물을 제한하여 지정하고 있다.

## 이렇게까지 해야 할까? 대답은, Yes

특별한 애정과 관심으로 야생동물을 기르고자 하는 입장에서는 이 같은 입법이 과도하다고 느껴질 수도 있다. 하지만 개인이 야생동물의 사육을 책임지기에는 현실적인 어려움이 많고, 결국은 그러한 부담을 야생동물이 고스란히 떠안을 수밖에 없다는 점은 분명하다.

야생동물을 기를 땐 많은 것을 고려해야 한다. 개인 사육으로 인한 생태계 교란의 위험, 공중위생상의 문제를 염두에 두어야 하는 건 물론이다. 야생동물의 사육이 늘어날 경우, 현행법에서도 금지하고 있는 야생동물의 불법포획이 늘어날 가능성도 있다. 무분별한 번식 시도와 운송·판매 과정에서 예견되는 동물복지 저해 등도 고려해야 한다. 따라서 현행 법 개정을 넘어 이런 내용을 아우르는 방향으로 법령이 체계적으로 정비될 필요가 있다.

2018년 9월에는 대전의 한 동물원에서 살고 있던 퓨마 '뽀롱이'가 관리 소홀로 끔찍한 죽음을 맞았다. 야생동물에 대한 전문적인 지식을 가지고 체계적인 관리를 하는 것으로 여겨지는 동물원에서 발생한 사고여서 충격이 더욱 컸다. 결국 동물원도 인간이 호기심을 충족하기 위해 야생동물들의 삶을 불행하게 하는 것이 아니냐는 목소리가 높아졌다.

동물원수족관법은 동물원에서 야생동물을 사육하는 목적을 명시하고 있다. 법이 말하는 그 목적은 야생동물을 보전·연구하고 이를 통해 야생동물의 습성을 제대로 파악하여 국민들에게 정보를 제공하는 것이다. 이는 관리만 잘 된다면 자연 상태가 아닌 인간의 일상 근처에도 야생동물을 둘 수 있다는 것으로도 읽힌다.

하지만 야생동물과 함께 사는 법이란 사육의 주체가 개인이냐 동물원이냐를 떠나 원칙적으로 야생동물들을 원래의 자연에서 살게 하는 것이다. 만약 그렇지 못한 사정이 있다면 야생동물들에 대한 최적의 환경과 관리를 의무적으로 제공하도록 해야 한다. 현행 법령은 후자의 내용조차 관련 법령의 정비가 필요한 실정이지만, 궁극적으로는 야생동물을 자연에서 살게 하는 것을 목표로 하는 법률이 제정되기를 기대해본다.

# 똑똑하게
# 길고양이
# 지켜주는 법!

이혜윤 변호사

나는 길고양이를 무서워하는 사람이었다. 야간자율학습을 마치고 돌아오는 골목길에, 초록빛 눈을 가진 길고양이를 보면 깜짝 놀라서 소리를 지르곤 했다. 그런데 우연한 계기로 군부대에서 밥을 얻어먹는 고양이, 일명 짬타이거가 낳은 새끼 고양이를 입양하여 키우게 됐고, 거주하던 아파트 길고양이들의 밥을 챙겨주게 되었다.

밥그릇에 사료 붓는 소리가 들리면 다섯 마리가 훌쩍 넘는 고양이들이 요정처럼 나타나 줄을 섰다. 여름엔 사료 그릇에 올라오는 민달팽이(?)가 올라오지 못하도록 그릇마다 고무줄을 감아보기도 하고, 겨울엔 핫팩을 붙여놔도 몇 시간만 지나면 꽁 꽁 어는 물을 보며 마음이 시렸다. 비가 오는 날에는 비닐봉지 밥을 만들어 던져주기도 했는데, 날씨와 계절을 불문하고 길고양이의 밥을 챙겨줄 때 언제나 '뒤'가 무서웠다.

혹시나 고양이를 싫어하는 사람이 나를 보고 고양이나 나를 위협할까 봐 인기척이 들리면 몸을 웅크렸고, 밥을 주는 곳 근처에 사람이 있으면 아파트 단지를 한 번 더 돌아다니며 적당한 때를 기다렸다. 세상의 모든 '캣맘'과 '캣대디'가 같은 마음이지 않을까?

캣맘과 캣대디라면 모두들 알 법한 내용이지만, 조금이라도 도움이 될 수 있기를 바라며 길고양이 지켜주는 법을 정리해본다.

### 길고양이 밥 줘도 되나요?

길고양이에게 밥을 줄 때 가장 힘들고 걱정되는 순간이 언제일까? 밥을 주지 말라는 공문이나 사람들의 핀잔소리가 들릴 때일 것이다. 그런데 길고양이에게 밥을 주면 안 되는 법은 없다.

오히려 우리 법은 밥을 주지 않는 행위, 즉 동물에게 고의로 사료나 물을 주지 않음으로써 동물이 죽음에 이르게 하는 행위를 금지하고 있을 뿐이다.

**동물보호법**

제8조(동물학대 등의 금지) ① 누구든지 동물에 대하여 다음 각 호의 행위를 하여서는 아니 된다.

3. 고의로 사료 또는 물을 주지 아니하는 행위로 인하여 동물을 죽음에 이르게 하는 행위

물론 길고양이에게 밥을 주지 않는 행위가 '고의로' '죽음에 이르게' 하는 행위는 아니다. 반려동물과 달리 길고양이들은 자연 환경에서 자생적으로 먹이를 찾을 수 있고, 따라서 사료를 주지 않는다고 하여 그 행위로 인해 죽는다는 인과관계가 인정되기는 어렵기 때문이다.

하지만 이미 사료를 먹는 것에 익숙해지고, 도심가의 환경 변화로 인해 자발적으로 먹이를 찾기 어려운 특정 길고양이들에게 고의로 사료나 물을 주지 못하도록 하는 것은 현행 법 위반에 해당하지는 않을 수 있지만 도의적으로 옳지 않은 행위다. 특히 길고양이들에게 밥을 주지 못하도록 캣맘들을 협박하다 못해, 실제로 길고양이의 밥이나 물에 독극물을 넣는 사람들도 있다. 독극물을 넣어 고통스럽게 상해 또는 죽음에 이르게 하는 행위는 동물보호법상 명백한 동물학대에 해당한다.

다만, 캣맘 캣대디들도 주의해야 할 것이 있다. 타인의 빌라나 아파트 공간 내부로서 외부인의 출입이 금지되는 곳에 길고

양이 밥을 주는 경우, 타인의 사적 공간인 주거 또는 건조물의 범위 내로 판단될 가능성이 있는 위치라면 점유자의 의사에 반하여 출입하는 것은 주거침입이나 건조물 침입이 될 수 있으므로 주의해야 한다.

**형법**

제319조(주거침입, 퇴거불응) ① 사람의 주거, 관리하는 건조물, 선박이나 항공기 또는 점유하는 방실에 침입한 자는 3년 이하의 징역 또는 500만 원 이하의 벌금에 처한다.

② 전항의 장소에서 퇴거요구를 받고 응하지 아니한 자도 전항의 형과 같다.

## 어려운 길고양이 밥그릇 지키기!

길고양이 밥을 준 사람들이라면 모두 이런 경험이 있을 것이다. 주변의 쓰레기가 있으면 길고양이가 한 것도 아닌데도 괜히 찔려 깨끗이 치우고 밥 주는 공간과 그릇도 깨끗하게 관리해왔는데, 어느 날 가면 접시들이 모두 사라져 있다. 원목으로 된 길고양이 급식소나 겨울 집을 사두어도 없어지는 경우가 있다. 길고양이를 싫어하는 사람이 버렸거나 부숴버린 것이다.

길고양이에게 주는 밥그릇이나 급식소를 함부로 버리는 것은 범죄 행위가 될 수 있다. 물론 일회용 그릇이나 관리되지 않은 그릇의 경우 캣맘의 소유 물건이라는 것을 입증하기가 어렵지만, 재산상 가치가 인정될 수 있는 그릇이나 또는 재산상 가치가 있는 길고양이 급식소의 경우 '캣맘 소유, 캣맘 점유'가 인정되므로 이를 버리거나 부수는 것은 절도 또는 손괴죄로 처벌할 수 있다.

**형법**

**제329조(절도)** 타인의 재물을 절취한 자는 6년 이하의 징역 또는 1000만 원 이하의 벌금에 처한다.

**제366조(재물손괴 등)** 타인의 재물, 문서 또는 전자기록 등 특수매체기록을 손괴 또는 은닉 기타 방법으로 기 효용을 해한 자는 3년 이하의 징역 또는 700만 원 이하의 벌금에 처한다.

나는 특정인이 관리, 점유하고 있는 물건임을 명확히하기 위해 길고양이 급식소와 겨울집에 핸드폰 번호와 살고 있는 동, 호수를 기재해놓기도 했다. 버리거나 손괴하지 말고, 문의할 사항이 있으면 일단 연락을 달라는 메모도 써 두었다. 다만, 이 방법은 혐오범죄가 증가하는 추세에서 캣맘의 신변에도 위협이 있을 수도 있으니 추천하지는 않는다. 캣맘과 고양이의 안전이 무엇보다도 중요하다.

지금도 곳곳에서 많은 캣맘과 캣대디들은 고양이를 싫어하는 사람들, 고양이에게 밥을 주지 말라는 사람들과 맞서 싸우고, 어떨 땐 눈을 피하고, 제발 밥만 주게 해 달라고 부탁도 하며, 죄인이 된 마음으로 길고양이 생의 마지막이 될 수도 있는 한 끼를 챙겨주고 있을 것이다.

　　언제나 겨울은 몹시 추울 것이다. 캣맘도 캣대디도, 또 사랑스러운 길고양이들도 부디 안전하게 이 겨울을 함께 버텨내기를, 그래서 언젠가는 힘들게 버텨내지 않고 당연하다는 듯이 함께할 수 있는 날이 오기를 진심으로 바란다.

# "동물의 입장을 고려해주세요", 법정에 선 산양

박주연 변호사

2018년 11월 17일, 법정에서는 조금 특별한 판결이 내려졌다. "산양은 자신의 서식지를 파괴할 위험이 있는 케이블카 설치공사를 중지해 달라고 소송을 제기할 수 있다"는 판결이었다. 나아가 재판부는 "케이블카 공사로 인하여 발생하는 소음, 진동 등은 산양의 서식지 변경이 아닌 멸종으로 이어질 수 있어 결국 산양의 생존권을 침해하게 될 것이며 이는 다른 어떤 방법으로도 회복하기 어려운 손해에 해당하므로, 공사를 중지할 필요성이 인정된다"고 판결했다.

그러나 정말 반가운 이 판결은 진짜 법정이 아닌 '모의' 법정에서 9명의 시민배심원단이 만장일치로 내린 결정에 따른 것이었다.

그렇다면 문화재청에 대한 '진짜' 소송은 어떨까. 문화재청장은 앞서 문화재(설악산) 현상 변경(문화재 원래의 모양이나 현재의 상태를 바꾸는 모든 행위)을 허가한 바 있다. 문화재위원회가 케이블카 설치와 운행이 설악산 내 동물, 식물, 지질, 경관 등 설악산에 부정적 영향을 미칠 것이라는 이유로 현상변경을 '불허'하는 심의결정을 내렸음에도 문화재청장은 이 같은 결정을 내렸다. 이에 시민소송인단, 그리고 설악산에 서식하는 산양이 각각 행정소송을 제기했다. 그중 산양이 제기한(정확하게는 산양을 대리하는 후견인이 제기한) 소송은 자연물이 소송을 제기할 능력이 있는지 여부에 대한 심도 깊은 논의도 해보지 못한 채 첫 기일에 변론이 종결되었고, 예상과 같이, 소송을 제기할 당사자능력이 없다는 이유로 2019년 1월 25일 '각하'* 판결을 받았다.**

모의법정은 '자연물의 권리와 당사자 능력'에 대한 논의를

* 원고청구 '각하' 판결은 '기각' 판결과 함께 원고 패소판결이라는 점에서 동일하다. 그러나 원고의 청구가 이유가 없다는 이유로 받게 되는 기각판결과는 달리, 각하판결은 원고가 소송 요건이 없다는 이유로 청구 내용에 대하여 더 살펴보지 않고 재판을 종결하는 것을 말한다. 소송요건이란, 소송 당사자가 될 수 있는 소송법상의 능력을 말하는 것이다. 소송요건은 자기의 이름으로 재판을 청구하거나 재판 효과를 받을 수 있는 자격(당사자능력)과 당해 처분의 근거/관련 법규에 의해 보호되는 개별적·직접적·구체적 이익의 여부(당사자적격)로 구성된다.

** 서울행정법원 2019. 1. 25. 선고 2018구합2230 판결

더 자유로운 형식으로 이어가기 위해 개최됐다. 연극인이 산양 '뿔이' 역할을 맡아 원고가 되었고, 진지하게 산양의 목소리를 전했다. 뿔이는 '석송령'이라는 소나무(실제로 본인의 이름으로 국내 땅을 소유하고 등기까지 되어 있는 나무)의 솔방울을 먹고 그날만 사람의 말을 할 수 있게 되었다. 솔방울을 나누어 먹은 그래엄 산 붉은 다람쥐는 영상을 통해 미국 법원에서 자신이 소송의 당사자로서 인정받았던 사례를 진술해주었다. 원고 측 변호사는 산양과 같은 동물도 국제조약이나 국내 특별법, 조리(사물의 성질, 도리, 합리성 등의 본질적 법칙을 의미)에 따라 권리나 당사자능력이 인정될 수 있다고 주장했고, 피고인 케이블카 사업주체 측 변호사는 자연물은 결코 권리주체나 소송의 당사자가 될 수 없다고 주장했다.

과연 동물이나 자연은 결코 권리와 소송의 주체가 될 수는 없는 것일까.

이에 대한 우리나라 법원의 태도는 확고한 듯하다. 널리 알려진 '도롱뇽 소송'(2003년 '도롱뇽의 친구들'이라는 환경 단체가 경상남도 양산시 천성산에 사는 도롱뇽을 원고로 내세워 경부고속철도 공사 중지 가처분 소송을 낸 사건)이나, 도로 건설로 인해 서식처가 파괴될 위험에 처한 폐갱도 내 황금박쥐가 제기한 소송에서 법원은 '자연물이나 그를 포함한 자연 그 자체에 대하여는 현행 법의 해석상 그 당사자능력을 인정할 만한 법률이나 관습법이 없다'고

판시해왔다.

**민사소송법**

제51조(당사자능력·소송능력 등에 대한 원칙) 당사자능력(當事者
能力), 소송능력(訴訟能力), 소송무능력자(訴訟無能力者)의 법정대
리와 소송행위에 필요한 권한의 수여는 이 법에 특별한 규정이 없
으면 민법, 그 밖의 법률에 따른다.

제52조(법인이 아닌 사단 등의 당사자능력) 법인이 아닌 사단이나
재단은 대표자 또는 관리인이 있는 경우에는 그 사단이나 재단의
이름으로 당사자가 될 수 있다.

우리나라 민사소송법을 살펴보면 '당사자능력 등은 민사소
송법, 민법, 그 밖의 법률에 따른다'고 나와 있다. 법인이나 비
법인사단, 재단과 같이 실체를 확인하기 어려운 존재도 일정한
요건을 갖추면 당사자능력이 인정된다.

물론 여기에 자연물의 당사자능력을 인정한다는 명문의 조
항은 없다. 그러나 민법은 '법률에 규정이 없으면 관습법에 의
하고, 관습법이 없으면 조리에 의한다'고 규정하고 있다.(제1조)

대법원 2006. 6. 2. 선고 2004마1148,1149판결, 청주지방법원 2008. 11.
13. 선고 2007구합1212 판결 참고.

법원은 자연물의 당사자능력을 인정하는 법률과 관습법이 없다고 하면서 조리 여부는 검토하지 않았다. 인간의 어떠한 행위로 가장 직접적인 피해를 받는 당사자가 있다면, 그 당사자가 동물이나 자연이라 할지라도 자신의 고유한 이익을 주장할 최소한의 기회는 '조리'상으로 보장되어야 하지 않을까? 국제조약인 생물다양성에 관한 협약과 국내 법인 야생생물법 등에 따르면 자연과 야생생물에게도 '법적으로 보호받을 이익'이 있으니 말이다.

특히 산양의 경우를 살펴보면, 산양은 국제조약(CITES 부속서 I)과 야생생물법상 멸종위기 야생생물 I급으로 보호를 받는, 세계적으로 희귀한 멸종위기종이다. 설악산에 사는 산양은 북부 소개체군으로, 삼척, 울진을 포함하는 강원 남부와 경북 북부 지역 집단으로 이루어진 남부 소개체군과 유전자 구성이 다르다. 설악산 중에서도 인적이 드문 내설악 황철봉 부근에 약 28마리가 남아 있는 것으로 보인다.

케이블카 공사가 예정된 구간은 바로 이 산양들의 서식지로 추정되는 곳이다. 이곳에서 어미와 새끼 산양의 발자국이나 배설물 등 증거가 다수 포착되어왔다. 산양은 특정한 서식지에서만 살고 행동반경도 1평방킬로미터 내외로 매우 좁다. 소음과 진동이 수반되는 인공물 공사가 진행될 경우, 산양의 서식과 번식 활동에 큰 영향을 미칠 것이다. 산양 개체군이 고

립되어 멸종될 위험이 크다. 이러한 상황에서도 산양은 자신의 이익을 대변해줄 대리인을 통해서조차 소송을 제기할 수 없는 것이 현실이다.

그동안 자연(물)의 이익은 자연(물) 그 자체를 통해서가 아닌, 그러한 자연(물)을 향유하고 이용할 수 있는 인간의 권리를 통해서만 우회적으로 주장되어왔다. 그러나 미국 캘리포니아대학 법학교수 크리스토퍼 스톤이 설명하듯 인간의 이익과 자연(물)의 이익은 완전히 일치하지 않는다. 또 간접적으로 영향을 받는 인간이 주장하는 침해의 정도와 자연(물)이 직접 입는 침해의 정도가 다르다는 점에서 이 주장에는 본질적인 한계가 있다.

한때는 사람이 아닌 회사가 사람과 동일한 법적 권리(법인격)를 가진다는 주장이 우스꽝스럽게 여겨졌지만, 지금은 그러한 현실에 누구도 의문을 제기하지 않는다. 법인격이라는 것은 관념과 선택의 문제이지 절대적인 개념이 아니다. 국가나 법인, 선박 등의 비인격적인 존재가 법적인 권리를 가지듯이 자연물 또한 법적인 권리를 가져야 한다. 그 자연물의 권리를 가장 잘 배려할 수 있는 사람이나 단체가 자연을 대리하여 그 권리를 행사하도록 해야 한다. 이는 미 연방대법원 윌리엄 더글러스 판사가 일찌감치 소수의견으로 주장했던 내용이다.

이미 다른 나라에서는 자연물의 권리와 당사자 능력을 인정하고 있다. 미 연방법원은 하와이 희귀새 빠리야가 환경단체인 시에라클럽과 함께 공동원고가 된 소송에서 하와이 주정부의 멸종위기종보호법 위반을 인정한 바 있다. 이때 법원은 "빠리야는 멸종위기종보호법에 근거로 한 멸종위기종으로, 자신의 고유한 권리를 지닌 법인격으로 법률상 지위를 가지며 연방법원에 소송을 제기할 수 있다"고 판단했다. 캘리포니아 바다쇠오리도, 그래엄산 붉은 다람쥐도 당사자능력을 인정받았다.

또한 2017년 3월, 뉴질랜드 의회는 왕거누이Te Awa Tupua 강에 '모든 권리, 권한, 의무 및 책임을 지닌 합법적인 사람'으로서의 법인격을 부여하는 법안을 통과시켰다. 이에 왕거누이 강은 법적 주체로서 대리인을 통해 강을 오염시키는 사람 등을 상대로 소송 등 권리행사도 할 수 있게 됐다.

만일 우리나라에서도 자연물에 일정한 권리를 법적으로 인정하게 된다면, 서식지를 훼손받거나 생명을 침해받게 되는 등의 경우, 직접 피해를 입는 자연물이 본인의 이름으로 소송을 제기하고 또 본인의 법적 이익을 주장하여 재판 결과에 따른 보호를 받을 수 있을 것이다. 즉, 중대한 자연물 훼손에 대하여 인간의 환경권이나 행복추구권 침해 등을 우회적으로 주장하지 않고도 당해 자연물을 더욱 실효적으로 보호할 수 있게 된다. 나아가 인간이 아닌 자연물도 살아갈 권리, 함부로 침해받지 않을 권리 등 생명체 그 자체로서의 본연의 권리를 향유할 자격이 있다는 인식이 점차 자리 잡을 수 있을 것이다.

그러나 우리나라에서 진행된 설악산 산양 소송은 자연물의 권리와 당사자능력에 대한 조금의 논의 여지도 없이 허무하게 종결되고 말았다.˙ 기존의 인간 중심적 사고에서 벗어나 '자연물이 받게 되는 손해'가 중점적으로 다루어지고, 자연물의 당사자능력이 인정될 수 있는 계기가 되기를 바랐던 기대는 훗날에라도 이루어질 수 있을까. 모의법정에서 산양 '뿔이'가 마지막으로 남긴 말을 전한다.

> "존경하는 재판장님. 저는 이 재판 이후로 다시 인간의 말을 할 수 없게 됩니다. (중략) 이렇게나마 제가 처한 상황을 직접 대변할 수 있는 기회가 생겨서 기쁜 마음을 감출 수 없습니다. 꼭 우리 동물들이 말을 하며 입장을 대변할 수 없을지라도, 적어도 설악산 케이블카와 같은 일에서는 우리 동물의 권리와 입장을 충분히 고려하여 재판이 이루어졌으면 좋겠습니다."

---

제1심 판결에 대해 원고들은 항소했으나 2019년 3월 19일 결국 항소를 취하함으로써 이 사건은 종결되었다. 그러나 반갑게도, 2019년 9월 16일 환경부 원주지방환경청은 멸종위기 야생생물의 서식지 훼손 등 환경 영향을 우려하여 설악산 케이블카 사업에 대해 부동의 결정을 내렸다. 이로써 설악산 케이블카 사업이 백지화될 가능성은 매우 높아졌으며, 이와 별도로 환경단체들이 제기한 환경부 장관에 대한 소송에서 국립공원 변경계획 고시가 무효화된다면 설악산 케이블카 사업은 전면 백지화된다.

# 우리가 기억하는
# 다섯 가지 동물법 이슈

김슬기 변호사

동물법에 관한 마음 아픈 소식은 계속해서 들려오고 있다. 그중에서도 널리 알려지며 사회에 동물법에 관한 고민을 끌어낸 다섯 가지 법률 쟁점을 골라보았다.

### '개 전기도살 사건'에 대한 대법원 판결

개 농장을 운영하는 피고인이 농장 도축 시설에서 개를 묶은 상태에서 전기가 흐르는 쇠꼬챙이를 개의 주둥이에 대어 감전시키는 방법으로 잔인하게 도살했다고 하여 동물보호법 위반으로 기소된 사안에서, 1심과 2심의 법원은 피고인의 도살방법이 '잔인한 방법에 해당한다고 단정할 수 없다'는 이유로 무죄를 선고했다. 그러나 대법원은 원심이 '잔인한 방법'을 판단함에 있어 충분한 심리를 하지 않았다는 이유로 원심 판결을 파기하고, 사건을 서울고등법원에 환송했다.

대법원은 동물의 도살 방법이 잔인한 방법인지 여부를 판단함에 있어서 동일한 도살 방법이라도 도살 과정에서 겪을 수 있는 고통의 정도 등은 동물별 특성에 따라 다를 수 있으므로 이를 고려해야 하고, 특정 동물에 대한 그 시대, 사회의 인식 또한 그 평가에 영향을 주므로 고려해야 한다고 했다. 그리고 2019년 12월 19일 서울고등법원은 이 사건의 파기환송심에서 대법원 판결의 이런 취지를 반영하여 피고인에게 동물보호법 유죄를 선고했다. 개를 감전시켜 도살하는 개 농장의 도살 방식이 개에게 상당한 고통을 주는 잔인한 방법임을 인정한 것이다. 이와 같은 대법원 및 서울고등법원의 판결 내용은 동물보호법에 대한 법조계의 해석이 진일보한 것으로 느껴진다.

### '오선이 사건'에 대한 1심 법원 판결

피고인은 피해자가 분실한 래브라도리트리버 '오선이'를 발견하여 습득한 후 이를 제3자에게 개소주로 만들어 달라고 부탁하여 죽이게 했다. 부산지방법원 서부지원은, 피고인이 타인이 분실한 재물을 습득한 행위에 대해서 점유이탈물 횡령죄를, 유실된 동물을 포획하여 죽이는 행위에 대해서 동물보호법 위반죄를 인정하고 징역 6월 및 집행유예 2년을 선고했다.

비록 타인의 반려동물을 고의로 살해한 자가 집행유예의 선고를 받은 것이 감정적으로는 받아들여지기 어렵지만, 피고인의 행위를 '반려견의 생명과 신체를 존중하려는 국민의 정서를 무참히 짓밟는 행위'라고 평가하면서 피고인을 엄히 처벌함이 마땅하다고 설시하고 징역형을 선택한 법원의 판결은, 동물 관련 범죄에 대해 대부분 벌금형 수준에 그쳤던 과거에 비하면 발전하는 중인 것으로 생각된다. 오선이를 과거 판결처럼 '애완견'이 아닌 '반려견'이라고 칭한 점 또한 동물에 대한 인식 개선을 위해 힘쓰는 분들의 작은 결과물이 아닌가 싶다.

### '뽀롱이 사건'과 동물원 폐지 국민청원

2018년 9월 대전 오월드 동물원에서 열린 문을 통해 탈출한 퓨마 뽀롱이는 탈출한 지 네 시간 삼십 분 만에 사살되었다. 동물원 측은 '퓨마의 몸놀림이 빠르고 사람을 보면 도망가 생포가 어려웠으며, 마취총을 맞고도 두 시간 동안 동물원 내를 거닐었고 마취가 깨면 다시 활동할 가능성이 높다고 판단하여 부득이하게 사살했다'고 해명했다.

문을 열어둔 사육사의 책임 문제, 평생을 동물원에서만 살아 야생성을 잃었고 겁이 많아 동물원 근처를 배회하고 있던 퓨마를 꼭 사살할 필요가 있었느냐는 비판도 많았지만, 이 사건을 통해 동물원의 사고 발생 시 대처방법을 좀 더 정교화하는 것만이 우리가 해야 할 일이 아니라고 생각한다. 케이지의 안전 장치를 강화해서 탈출을 막거나, 뽀롱이를 생포하여 다시 동물원에 가두어놓는 것이 뽀롱이에게도 행복한 결말은 아니었을 것 같다.

동물원 및 수족관의 관리에 관한 법률에서는 동물원을 '야생동물 등을 보전·증식하거나 그 생태·습성을 조사·연구함으로써 국민들에게 전시·교육을 통해 야생동물에 대한 다양한 정보를 제공하는 시설'이라고 정의하고 있다. 지리적·환경적 한계로 야생의 환경을 재현하여 다양한 야생동물을 사육하기 어려운 우리나라에서 동물원의 정의를 제대로 충족시키고 있는 곳이 과연 얼마나 있는지, 또 동물에게 일생을 빼앗아가면서 동물원을 방문해 얻을 수 있는 국민의 동물에 대한 교육 효과가 얼마나 되는지 의문이다. 그리고 작은 관리상의 실수로 케이지에서 탈출하기만 해도 인간의 목숨을 위협할 수 있고, 따라서 사살해야 한다고 믿는 야생동물을, 인간의 거주지와 가까운 도심에 둘 수 있다는 것도 잘 이해되지 않는다.

뽀롱이 사건 직후 동물원 폐지에 대한 국민청원이 올라온 것 외에 아직 이와 관련해 발의된 법안은 없는 것으로 보이지만, 뽀롱이와 지금도 고통받고 있는 동물원 동물들의 이야기가 쉽게 잊히지는 않았으면 한다.

## 일명 개·고양이 도살금지 법안 발의

2018년 초 평창 동계올림픽을 앞두고 또다시 개 식용 문제가 논란이 되었다. 그러고는 드디어 법률 개정안 발의로 이어지게 되었고, 많은 단체와 시민들이 법안 통과와 개 식용 종식을 위해 지금도 노력하고 있다.

먼저 이상돈 의원의 축산법 개정안은, 현행 축산물위생관리법에서는 개를 가축으로 정하지 않고 있는 반면에 축산법 시행규칙에서 개를 가축으로 정하고 있어 발생하는 모순점을 해결하고자 축산법의 개정을 통해 가축의 범위에서 개를 제외하려는 것이다.

그리고 표창원 의원의 동물보호법 개정안은, 현행 동물보호법에서 '동물을 잔인한 방법으로 죽음에 이르게 하는 행위'를 금지하는 것은 추상적이고 동물학대 단속 근거로서의 실효성이 높지 않으므로, 동물을 죽이는 행위를 원칙적으로 금지하고 예외적으로 도살이 가능한 경우를 법에 명시하려는 것이다. 또한 동물의 도살 방법에 대해서도 '불필요한 고통이나 공포, 스트레스를 주지 않아야 한다'라고 소극적으로 규정하고 있는 것을 '고통을 최소화할 수 있는 방법에 따라야 한다'라고 좀 더 적극적으로 규정하고 있다.

이 두 법안 어디에서도 개나 고양이를 식용 목적으로 도살할 수 없다고 직접적으로 규정하고 있지 않지만, 개를 가축의 범위에서 명확하게 제외하고, 그 방법이 잔인한지 여부와 무관하게 정당한 이유 없이 동물을 죽이는 행위를 금지하는 동물보호법 개정이 함께 이루어지면, 다른 동물에 대한 불필요한 학대 행위를 금지하는 동시에 개, 고양이를 식용 목적으로 도살할 수 없다는 결론에도 이르게 되는 것이다.

개 전기도살 사건에서 대법원이 언급했던 '특정 동물에 대한 그 시대, 사회의 인식'과 우리의 경제적 여건이나 생활방식이 개, 고양이의 도살과 식용을 금지하기 위한 데에는 충분히 이르지 않았나 하는 생각이 든다. 2019년에는 부디 두 개의 법안이 통과되어 조속히 시행되기를 간절히 바란다.

### 문재인 대통령, 헌법 개정안에 동물보호 의무 명시

비록 의결정족수 미달로 폐기되고 말았지만, 2018년 3월 문재인 대통령이 발의한 헌법 개정안은 제38조 제3항에 '국가는 동물보호를 위한 정책을 시행해야 한다'는 내용을 명시하고 있었다.

미국, 유럽 등 동물권 논의를 일찍 시작한 국가들은 일찍이 헌법에 국가의 동물보호 의무를 넣기도 했고, 지금은 '동물을 보호해야 할 인간의 의무'에서 한 발 더 나아간 '권리의 주체로서의 동물'에 대해 논하고 있다.

우리도 헌법에 동물보호 또는 동물권을 천명하는 것은 물론 큰 의미가 있지만, 실제로 헌법 개정 이전에도 법률을 개정하거나 법령의 해석을 달리 하는 것만으로도 얼마든지 동물의 지위를 향상시킬 수 있다. 민법에서 동물의 민법상 취급을 생명이 없는 물건과 다르게 정할 수도 있고, 동물보호법 등 동물 관련 특별법에서 동물의 관리 또는 보호와 관련된 내용을 더욱 강화할 수도 있고, 법원이 동물 관련 범죄에서 피고인에게 양형을 높게 선고하거나, 민사재판에서 가해자에게 높은 손해배상 의무를 지우는 판결을 할 수도 있는 것이다. 그동안 동물 관련 사건에 적용되어온 민법, 형법, 동물보호법, 축산법 등 수많은 한국의 법률은, 오로지 인간 중심적인 기준에서 만들어져왔고 동물을 소유의 대상 또는 이용의 객체로만 다루어왔다. 그러나 동물과 공존하는 삶, 동물의 고통을 공감하는 삶을 향한 우리의 의식은 법령의 변화보다 빠르게 변해가고 있으며, 이 글에서 살펴본 일련의 사건을 보면 이제는 입법부와 행정부, 사법부도 그에 조금씩 응답하고 있는 듯하다.

"인권문제도 아직 해결되지 못했는데 동물권이 웬 말이냐."
"동물보다 차라리 굶고 있는 사람을 도와라."

가끔 이런 말을 듣는다. 그러나 이 지구상 모든 인간이 고통을 느끼지 않는 이상적인 날은 슬프게도 오지 않는다. 설사 그렇지 않다 해도, 인간이 행복해지기 위해서는 인간이 아닌 다른 생명체는 얼마든지 파괴하고 이용해도 좋다는 전제는 성립하지 않는다.

누군가 노예이던 세상, 계급이 존재하던 세상, 여성에게 투표권이 없던 세상. 그 세상들이 바뀌기 위해 분명 누군가 처음 목소리를 내었을 것이고, 누군가는 죽어갔을 것이며, 누군가는 "더 중요한 문제가 있다"고 방관하거나 그들을 비난했을 것이다. 그러나 지금 우리가 사는 세상에는 노예가 없고, 계급이 없으며, 여성에게 투표권이 있다. 나는 인간이 아닌 동물에게도 지금보다 나은 날이 오리라 믿어 의심치 않는다. 이렇게나 많은 사람이 관심을 가지고 있고, 이렇게 끊임없이 목소리를 내고 있기 때문이다.

**경범죄처벌법** 36, 43, 44

사회공공의 질서 유지를 위해 경미한 범죄사범을 처벌하도록 하는 법률. 경범죄의 종류에는 쓰레기 투기, 거짓 광고, 거짓신고 등이 있으며, 60만 원 이하의 벌금, 구류 또는 과료로 가볍게 처벌된다. 구류는 1일 이상 30일 미만의 기간 동안 교도소나 경찰서 유치장에 구치하는 형벌을 말한다. 벌금과 과료는 일정한 금전을 국가에 납부해야 하는 형벌이라는 점에서는 동일하지만, 과료는 2천 원 이상 5만 원 미만의 금액, 벌금은 5만 원 이상의 금액이라는 점에서 차이가 있다.

**공동주택관리법** 34, 43, 88-91

국민의 주거 수준 향상을 위해 아파트 등 공동주택의 관리에 관한 사항을 정한 법률.

**공유수면 관리 및 매립에 관한 법률** 43

바다, 하천 등 공유수면에 대한 관리, 점용·사용 허가 및 매립에 관한 제반 사항과 벌칙을 규정하는 법률.

**기부금품의 모집 및 사용에 관한 법률** 9

성숙한 기부문화 조성을 위해 기부금품의 모집방법, 모집된 기부금품의 적정한 사용방법, 정보공개 등을 규정하는 법률.

**도로교통법** 44

도로 위 교통상의 위험을 방지하여 안전하고 원활한 교통을 확보하는 것을 목적으로 하는 법률. 교통사고 후 미조치, 음주운전, 무면허운전 등을 처벌하는 내용이 포함되어 있다.

벌칙 등에 관하여 규정하는 법률. 폐지 후 수산자원관리법이 되었다.

### 고래자원의 보존과 관리에 관한 고시    195

「수산업법 시행령」 제41조와 「수산자원관리법 시행령」 제3조 제2항에 따라 제정된 해양수산부고시로 고래류의 포획금지, 과학조사, 혼획 등이 된 고래류의 처리 등에 관하여 규정하고 있다.

### 고래 포획 금지에 관한 고시    193, 194, 208

수산자원보호령 제27조에 따라 제정된 해양수산부고시로 고래포획금지 등에 관하여 규정하고 있었으나 현재는 고래자원의 보존과 관리에 관한 고시가 관련 사항을 규정하고 있다.

# 동물법, 변호사가 알려드립니다

1판 1쇄 발행  2020년 1월 20일
1판 2쇄 발행  2021년 6월 21일

지은이  동물권연구변호사단체 PNR
펴낸이  심규완
책임편집  문형숙
디자인  문성미
독자 모니터링  고경희 이상혁

ISBN 979-11-967568-4-0  13690

펴낸곳  리리 퍼블리셔
출판등록  2019년 3월 5일 제2019-000037호
주소  10449 경기도 고양시 일산동구 호수로 336, 102-1205
전화  070-4062-2751  팩스  031-935-0752
이메일  riripublisher@naver.com

블로그  riripublisher.blog.me
페이스북  facebook.com/riripublisher
인스타그램  instagram.com/riri_publisher